Édes örömök

Csodálatos tortareceptek

Eszter Fodor

Tartalomjegyzék

Strawberry Mousse Gateau 12
Yule Log 14
Húsvéti Bonnet torta 16
Húsvéti Simnel torta 17
Tizenkettedik éjszakai torta 19
Mikrohullámú almatorta 20
Mikrohullámú almaszósz torta 21
Mikrohullámú almás-diótorta 22
Mikrohullámú répatorta 23
Mikrohullámú sárgarépa-, ananász- és diótorta 24
Mikrohullámú fűszerezett korpás sütemények 26
Mikrohullámú banán és golgotagyümölcs sajttorta 27
Mikrohullámú sütőben sült narancsos sajttorta 28
Mikrohullámú ananászos sajttorta 29
Mikrohullámú cseresznye és diós cipó 30
Mikrohullámú csokitorta 31
Mikrohullámú csokoládé mandulás torta 32
Mikrohullámú Dupla csokoládé Brownie 34
Mikrohullámú csokoládé datolyaszeletek 35
Mikrohullámú csokoládé négyzetek 36
Mikrohullámú gyors kávétorta 38
Mikrohullámú karácsonyi sütemény 39
Mikrohullámú morzsás torta 41
Mikrohullámú dátumsávok 42

Mikrohullámú fügekenyér 43

Mikrohullámú csappantyúk 44

Mikrohullámú gyümölcstorta 45

Mikrohullámú gyümölcs és kókusz négyzetek 46

Mikrohullámú Caramel torta 47

Mikrohullámú mézeskalács 48

Mikrohullámú gyömbérszeletek 49

Mikrohullámú arany torta 50

Mikrohullámú mézes-mogyorós sütemény 51

Mikrohullámú rágós müzliszeletek 52

Mikrohullámú diótorta 53

Mikrohullámú narancslé torta 54

Mikrohullámú sütő Pavlova 55

Mikrohullámú sütemény 56

Mikrohullámú epres sütemény 57

Mikrohullámú piskóta 58

Mikrohullámú Sultana Bars 59

Mikrohullámú csokis keksz 60

Mikrohullámú kókuszos sütik 61

Mikrohullámú firenzei 62

Mikrohullámú mogyorós és cseresznyés keksz 63

Mikrohullámú Sultana keksz 64

Mikrohullámú banán kenyér 65

Mikrohullámú sajtos kenyér 66

Mikrohullámú diós cipó 67

Sütés nélküli Amaretti torta 68

Amerikai ropogós rizsszeletek 69

Sárgabarack négyzetek 70
Svájci barackos tekercs torta 71
Törött keksz torták 72
Sütés nélküli írós sütemény 73
Gesztenyeszelet 74
Gesztenyés piskóta 75
Csokoládé és mandulaszeletek 77
Csokoládé ropogós torta 78
Csokoládémorzsa négyzetek 79
Csokoládé hűtőtorta 80
Csokoládé és gyümölcstorta 81
Csokoládé és gyömbér négyzetek 82
Luxus csokoládé és gyömbér négyzetek 83
Mézes csokis kekszek 84
Csokoládérétegű torta 85
Finom csokoládészeletek 86
Csokoládé praliné négyzetek 87
Kókuszos ropogós 88
Crunch Bars 89
Kókuszos és mazsolás ropogós 90
Kávé tej négyzetek 91
Sütés nélküli gyümölcstorta 92
Gyümölcsös négyzetek 93
Gyümölcs és rost reccsenések 94
Nugát réteg torta 95
Tej és szerecsendió négyzetek 96
Müzli Crunch 98

Orange Mousse négyzetek 99

Mogyoró négyzetek 100

Borsmentás karamell torták 101

Rizs sütik 102

Rizs és csokoládé toffette 103

Mandula paszta 104

Cukormentes mandula paszta 105

Royal Icing 106

Cukormentes cukormáz 107

Fondant Icing 108

Vajas jegesedés 109

Csokoládé vajas cukormáz 110

Fehér csokoládé vajas cukormáz 111

Kávévajas jegesedés 112

Citromos vajas jegesedés 113

Narancssárga vajas jegesedés 114

Krémsajtos cukormáz 115

Narancssárga jegesedés 116

Narancslikőr jegesedés 117

Glacé Icing 118

Coffee Glacé Icing 118

Lemon Glacé Icing 119

Orange Glacé Icing 119

Rum Glacé Icing 120

Vanilla Glacé Icing 120

Főtt csokoládé cukormáz 121

Csokis-kókuszos öntet 121

Fudge Topping 122

Édes krémsajt öntet 122

Amerikai Velvet Frosting 123

Vajmáz 123

Karamell cukormáz 124

Lemon Frosting 124

Kávé vajkrém fagyos 125

Lady Baltimore Frosting 126

White Frosting 127

Krémes fehér cukormáz 127

Bolyhos fehér cukormáz 128

Barna cukormáz 129

Vaníliás vajkrémes cukormáz 130

Vanília puding 131

Pudingos töltelék 132

Dán pudingos töltelék 133

Gazdag dán pudingos töltelék 134

Crème Patissière 135

Gyömbéres krémes töltelék 136

Citrom töltelék 137

Csokoládé máz 138

Gyümölcstorta máz 139

Narancsos gyümölcstorta máz 139

Mandula habcsók négyzetek 140

Angyalcseppek 141

Mandula szeletek 142

Bakewell Tartlets 143

Csokoládé pillangó torták 144

Kókuszos sütemények 145

Édes Cupcakes 146

Coffee Dot sütemények 147

Eccles torták 148

Tündér torták 149

Toll-jeges Tündértorták 150

genovai fancies 151

Mandulás makaron 152

Kókuszos makaronok 153

Lime Macaroons 154

Zabos makaróni 155

Madeleines 156

Marcipán torták 157

Muffin 158

Almás Muffin 159

Banán Muffin 160

Feketeribizli Muffin 161

Amerikai áfonyás Muffin 162

Cseresznye Muffin 163

Csokis Muffin 164

Csokis Muffin 165

Fahéjas Muffin 166

Kukoricalisztes Muffin 167

Teljes kiőrlésű füge Muffin 168

Gyümölcsös és korpás Muffin 169

Zab Muffin 170

Zabpehely gyümölcs Muffin 171

Narancssárga Muffin 172

Őszibarack Muffin 173

Mogyoróvajas Muffin 174

Ananász Muffin 175

Málnás Muffin 176

Málnás és citromos Muffin 177

Sultana Muffin 178

Mellékes muffin 179

Melaszhal és zab muffin 180

Zab pirítósok 181

Epres szivacsomlettek 182

Borsmentás sütemények 183

Mazsolás sütemények 184

Mazsola fürtök 185

Málnás zsemle 186

Barna rizs és napraforgó sütemények 187

Rock Cakes 188

Cukormentes Rock Cakes 189

Sáfrányos sütemények 190

Rum Babas 191

Piskótagolyós sütemények 193

Csokis piskóták 194

Nyári hógolyók 195

Szivacscseppek 196

Alap habcsók 197

Mandula habcsók 198

Spanyol mandulás habcsók keksz	199
Habcsók Cuite kosarak	200
Mandula ropogós	201
Spanyol mandula és citromos habcsók	202
Csokoládéval bevont Habcsók	203
Csokoládé mentás habcsók	204
Csokoládé chips és diós habcsók	204
Mogyorós habcsók	205
Habcsók réteges torta dióval	206
Mogyorós makaróni szeletek	208
Habcsókos és diós réteg	209
Habcsók-hegység	211
Málnakrémes Habcsók	212
Ratafia torták	213
Caramel Vacherin	214
Egyszerű pogácsa	215
Gazdag tojásos pogácsa	216
Almás pogácsa	217
Almás és kókuszos pogácsa	218
Alma és datolya pogácsa	219
Árpapogácsa	220
Datolyás pogácsa	221
Herby Scones	222

Strawberry Mousse Gateau

Egy 23 cm/9-es tortát készít

A tortához:

100 g/4 oz/1 csésze önnövekvő (magán kelő) liszt

100 g/4 oz/½ csésze vaj vagy margarin, lágyítva

100 g/4 oz/½ csésze porcukor (szuperfinom).

2 tojás

A mousse-hoz:

15 ml/1 evőkanál porzselatin

30 ml/2 evőkanál víz

450 g/1 font eper

3 tojás, szétválasztva

75 g/3 oz/1/3 csésze porcukor (szuperfinom).

5 ml/1 teáskanál citromlé

300 ml/½ pt/1¼ csésze dupla (nehéz) tejszín

30 ml/2 evőkanál mandula pehely, enyhén pirítva

A torta hozzávalóit keverjük simára. Kivajazott és kibélelt 23 cm/9-es tortaformába (tepsibe) kanalazzuk, és előmelegített sütőben 190°C/375°F/gázjelzés 5 25 perc alatt aranybarnára és szilárd tapintásúra sütjük. Kivesszük a formából és hagyjuk kihűlni.

A hab elkészítéséhez a zselatint egy edényben a vízre szórjuk, és hagyjuk szivacsosra. Állítsa a tálat egy serpenyőben forró vízbe, és hagyja, amíg fel nem oldódik. Hagyjuk kicsit hűlni. Eközben pürésítsen 350 g/12 uncia epret, majd dörzsölje át egy szitán (szűrőn), hogy kidobja a magokat. A tojássárgáját és a cukrot habosra és sűrűre verjük, és a habverőről szalagok formájában leválik. Hozzákeverjük a pürét, a citromlevet és a zselatint. A tejszínt kemény habbá verjük, majd a felét a masszához forgatjuk.

Tiszta habverővel és tállal verjük kemény habbá a tojásfehérjét, majd forgassuk a masszához.

A piskótát vízszintesen kettévágjuk, és az egyik felét egy tiszta, fóliával (műanyag fóliával) bélelt tortaforma (tepsi) aljába helyezzük. A maradék epret felszeleteljük és a piskótára rendezzük, majd rákenjük az ízesített krémet, végül a második tortaréteget. Nagyon finoman nyomja le. Hűtsük le, amíg meg nem áll.

A tálaláshoz fordítsa a tésztát egy tálra, és távolítsa el a fóliát (műanyag fóliát). A maradék krémmel díszítjük, és mandulával díszítjük.

Yule Log

Készít egyet

3 tojás

100 g/4 oz/½ csésze porcukor (szuperfinom).

100 g/4 uncia/1 csésze sima (univerzális) liszt

50 g/2 oz/½ csésze sima (félédes) csokoládé, reszelve

15 ml/1 evőkanál forró víz

Rontó (szuperfinom) cukor a sodráshoz

A cukormázhoz (fagyáshoz):

175 g/6 oz/¾ csésze vaj vagy margarin, lágyítva

350 g (12 oz/2 csésze) porcukor, szitálva

30 ml/2 evőkanál meleg víz

30 ml/2 evőkanál kakaópor (cukrozatlan csokoládé) Díszítéshez:

Holly levelek és vörösbegy (opcionális)

A tojást és a cukrot keverjük össze egy hőálló edényben, amelyet egy lábas víz fölé állítottunk. Folytassa a verést, amíg a keverék kemény nem lesz, és szalagok formájában leválik a habverőről. Levesszük a tűzről és addig verjük, amíg kihűl. Belekeverjük a liszt felét, majd a csokoládét, majd a maradék lisztet, majd hozzákeverjük a vizet. Zsírozott és kibélelt svájci tekercsformába kanalazzuk (zselés tekercsforma), és előmelegített sütőben, 220°C/425°F/gázjelzés 7-es hőmérsékleten kb. 10 perc alatt megsütjük, amíg megszilárdul. Egy nagy lapot zsíros (viaszos) papírt szórjunk meg porcukorral. A tortát kiborítjuk a formából a papírra, és levágjuk a széleit. Fedje le egy másik papírlappal, és lazán tekerje fel a rövidebb szélétől.

A cukormáz elkészítéséhez a vajat vagy a margarint és a porcukrot habosra keverjük, majd hozzákeverjük a vizet és a kakaót. Tekerjük ki a hideg tortát, távolítsuk el a papírt és kenjük meg a tortát a cukormáz felével. Ismét feltekerjük, majd a maradék cukormázzal jegeljük, villával megjelölve, hogy hasábszerű legyen. A tetejére kevés porcukrot szitálunk, és ízlés szerint díszítjük.

Húsvéti Bonnet torta

Egy 20 cm/8-as tortát készít

75 g/3 uncia/1/3 csésze muscovado cukor

3 tojás

75 g/3 oz/¾ csésze önnövekvő (magán kelő) liszt

15 ml/1 evőkanál kakaópor (cukrozatlan csokoládé).

15 ml/1 evőkanál meleg víz

A töltelékhez:
50 g/2 oz/¼ csésze vaj vagy margarin, lágyítva

75 g/3 uncia/½ csésze porcukor (cukrászipari), átszitált

A feltéthez:
100 g/4 oz/1 csésze sima (félédes) csokoládé

25 g/1 uncia/2 evőkanál vaj vagy margarin

Szalag vagy cukorvirág (opcionális)

A cukrot és a tojást keverjük össze egy hőálló edényben, amelyet egy lábas víz fölé állítottunk. Tovább verjük, amíg a keverék sűrű és krémes nem lesz. Hagyja állni néhány percig, majd vegye le a tűzről, és keverje újra, amíg a habverő eltávolítása után nyomot hagy. Belekeverjük a lisztet és a kakaót, majd a vizet. A masszát egy kivajazott és kibélelt 20 cm/8-as tortaformába (tepsibe), illetve egy kivajazott és bélelt 15 cm/6-os tortaformába kanalazzuk. 200°C-ra előmelegített sütőben 15-20 percig sütjük, amíg jól megkel és tapintásra kemény lesz. Rácson hagyjuk kihűlni.

A töltelékhez a margarint és a porcukrot habosra keverjük. Használja a kisebb torta szendvicsére a nagyobb tetejére.

Az öntethez a csokoládét és a vajat vagy a margarint felolvasztjuk egy hőálló edényben, amelyet egy lábas víz fölé állítottunk. A feltétet rákanalazzuk a tortára, és forró vízbe mártott késsel megkenjük úgy, hogy teljesen ellepje. A szélét szalaggal vagy cukorvirággal díszítjük.

Húsvéti Simnel torta

Egy 20 cm/8-as tortát készít

225 g/8 oz/1 csésze vaj vagy margarin, lágyítva

225 g/8 uncia/1 csésze puha barna cukor

1 citrom reszelt héja

4 tojás, felvert

225 g/8 uncia/2 csésze sima (univerzális) liszt

5 ml/1 teáskanál sütőpor

2,5 ml/½ teáskanál reszelt szerecsendió

50 g/2 uncia/½ csésze kukoricaliszt (kukoricakeményítő)

100 g/4 uncia/2/3 csésze szultána (arany mazsola)

100 g/4 uncia/2/3 csésze mazsola

75 g/3 uncia/½ csésze ribizli

100 g/4 oz/½ csésze glacé (kandírozott) cseresznye, apróra vágva

25 g/1 uncia/¼ csésze őrölt mandula

450 g/1 font mandula paszta

30 ml/2 evőkanál baracklekvár (konzerv)

1 tojásfehérje, felvert

A vajat vagy a margarint, a cukrot és a citrom héját habosra és habosra keverjük. Fokozatosan beleütjük a tojásokat, majd beleforgatjuk a lisztet, a sütőport, a szerecsendiót és a kukoricalisztet. Hozzákeverjük a gyümölcsöt és a mandulát. A keverék felét egy kivajazott és 20 cm/8-as mély tortaformába (tepsibe) kanalazzuk. A mandula massza felét kinyújtjuk a torta méretű kör alakúra, és a keverék tetejére helyezzük. Töltsük meg a maradék keverékkel, és süssük előmelegített sütőben 160°C/325°F/gázjelzés 3-ra 2-2 és fél órán keresztül, amíg aranybarna nem lesz. A tepsiben hagyjuk kihűlni. Ha kihűlt, fordítsd ki és csomagold be zsíros (viaszos) papírba. Tárolja légmentesen záródó edényben legfeljebb három hétig, hogy érlelődjön.

A torta befejezéséhez megkenjük a tetejét lekvárral. A maradék mandulapüré háromnegyedét 20 cm-es körre kinyújtjuk, a széleit lesimítjuk és a torta tetejére helyezzük. A maradék mandulapasztából 11 golyót forgatunk (a Júdás nélküli tanítványok jelképeként). A torta tetejét megkenjük felvert tojásfehérjével és a golyókat a torta szélén elrendezzük, majd megkenjük tojásfehérjével. Tedd forró grill (broiler) alá egy percre, hogy kissé megpiruljon.

Tizenkettedik éjszakai torta

Egy 20 cm/8-as tortát készít

225 g/8 oz/1 csésze vaj vagy margarin, lágyítva

225 g/8 uncia/1 csésze puha barna cukor

4 tojás, felvert

225 g/8 uncia/2 csésze sima (univerzális) liszt

5 ml/1 teáskanál őrölt kevert (almás pite) fűszer

175 g/6 uncia/1 csésze szultána (arany mazsola)

100 g/4 uncia/2/3 csésze mazsola

75 g/3 uncia/½ csésze ribizli

50 g/2 uncia/¼ csésze glacé (kandírozott) cseresznye

50 g/2 oz/1/3 csésze apróra vágott vegyes (kandírozott) héj

30 ml/2 evőkanál tej

12 gyertya díszítéshez

A vajat vagy a margarint és a cukrot habosra és habosra keverjük. Fokozatosan beleütjük a tojásokat, majd beleforgatjuk a lisztet, a kevert fűszert, a gyümölcsöt és a héjat, és jól elkeverjük, ha szükséges, kevés tejet adunk hozzá, hogy lágy keveréket kapjunk. Kivajazott és kibélelt 20 cm/8-as tortaformába (tepsibe) kanalazzuk, és előmelegített sütőben 180°C/350°F/gázjelzés 4-es hőmérsékleten 2 órán át sütjük, amíg a közepébe szúrt nyárs tisztán ki nem jön. Elhagy

Mikrohullámú almatorta

Egy 23 cm/9-es négyzetet alkot

100 g/4 oz/½ csésze vaj vagy margarin, lágyítva

100 g/4 uncia/½ csésze puha barna cukor

30 ml/2 evőkanál aranyszínű (világos kukorica) szirup

2 tojás, enyhén felverve

225 g/8 oz/2 csésze önnövekvő (magán kelő) liszt

10 ml/2 tk őrölt kevert (almás pite) fűszer

120 ml/4 fl oz/½ csésze tej

2 főzés (fanyar) alma, meghámozva, kimagozva és vékonyra szeletelve

15 ml/1 evőkanál porcukor (szuperfinom).

5 ml/1 teáskanál őrölt fahéj

A vajat vagy a margarint, a barna cukrot és a szirupot habosra és habosra keverjük. Fokozatosan beleütjük a tojásokat. Belekeverjük a lisztet és a fűszerkeveréket, majd a tejjel lágy állagúra keverjük. Belekeverjük az almát. Kiolajozott és alappal kibélelt 23 cm/9-es mikrohullámú sütőformába (csöves tepsibe) kanalazzuk, és 12 percig sütjük közepesen, amíg meg nem szilárdul. 5 percig állni hagyjuk, majd fejjel lefelé fordítva szórjuk meg porcukorral és fahéjjal.

Mikrohullámú almaszósz torta

Egy 20 cm/8-as tortát készít

100 g/4 oz/½ csésze vaj vagy margarin, lágyítva

175 g/6 uncia/¾ csésze puha barna cukor

1 tojás, enyhén felverve

175 g/6 uncia/1½ csésze sima (univerzális) liszt

2,5 ml/½ teáskanál sütőpor

Egy csipet só

2,5 ml/½ teáskanál őrölt szegfűbors

1,5 ml/¼ teáskanál reszelt szerecsendió

1,5 ml/¼ teáskanál őrölt szegfűszeg

300 ml/½ pt/1¼ csésze cukrozatlan almapüré (szósz)

75 g/3 uncia/½ csésze mazsola

Cukor (cukrász) cukor a porozáshoz

A vajat vagy a margarint és a barna cukrot habosra keverjük. Fokozatosan beleütjük a tojást, majd a lisztet, a sütőport, a sót és a fűszereket az almapürével és a mazsolával felváltva beleforgatjuk. Egy kivajazott és lisztezett 20 cm/8-as négyzet alakú mikrohullámú edénybe kanalazzuk, és 12 percig sütjük magas fokozaton. Az edényben hagyjuk kihűlni, majd négyzetekre vágjuk és porcukorral meghintjük.

Mikrohullámú almás-diótorta

Egy 20 cm/8-as tortát készít

175 g/6 oz/¾ csésze vaj vagy margarin, lágyítva

100 g/4 oz/½ csésze porcukor (szuperfinom).

3 tojás, enyhén felverve

30 ml/2 evőkanál aranyszínű (világos kukorica) szirup

1 citrom reszelt héja és leve

175 g/6 oz/1½ csésze önnövekvő (magán kelő) liszt

50 g/2 oz/½ csésze dió, apróra vágva

1 étkezési (desszert) alma meghámozva, kimagozva és apróra vágva

100 g/4 uncia/2/3 csésze (cukrász) cukor

30 ml/2 evőkanál citromlé

15 ml/1 evőkanál víz

Dió felét díszíteni

A vajat vagy a margarint és a porcukrot habosra keverjük. Fokozatosan hozzáadjuk a tojást, majd a szirupot, a citrom héját és levét. Belekeverjük a lisztet, az apróra vágott diót és az almát. Kivajazott, 20 cm/8-as, kerek mikrohullámú sütőedénybe kanalazzuk, és magas fokozaton 4 percig sütjük. Kivesszük a sütőből és lefedjük alufóliával. Hagyjuk kihűlni. A porcukrot összekeverjük a citromlével és annyi vízzel, hogy sima cukormázat (fagyást) kapjunk. Rákenjük a tortára, és diófélékkel díszítjük.

Mikrohullámú répatorta

Egy 18 cm/7-es tortát készít

100 g/4 oz/½ csésze vaj vagy margarin, lágyítva

100 g/4 uncia/½ csésze puha barna cukor

2 tojás, felvert

1 narancs reszelt héja és leve

2,5 ml/½ teáskanál őrölt fahéj

Egy csipet reszelt szerecsendió

100 g/4 oz sárgarépa, lereszelve

100 g/4 oz/1 csésze önnövekvő (magán kelő) liszt

25 g/1 uncia/¼ csésze őrölt mandula

25 g/1 uncia/2 evőkanál porcukor (szuperfinom).

A feltéthez:

100 g/4 uncia/½ csésze krémsajt

50 g/2 uncia/1/3 csésze porcukor (cukrászcukor), szitálva

30 ml/2 evőkanál citromlé

A vajat és a cukrot habosra keverjük. Fokozatosan beleütjük a tojást, majd hozzákeverjük a narancslevet és a héjat, a fűszereket és a sárgarépát. Belekeverjük a lisztet, a mandulát és a cukrot. Kivajazott és kibélelt 18 cm/7 tortaformába kanalazzuk, és fóliával (műanyag fóliával) letakarjuk. Mikrohullámú sütőben 8 percig sütjük, amíg a közepébe szúrt nyárs tisztán ki nem jön. Távolítsa el a fóliát, és hagyja állni 8 percig, mielőtt rácsra fordítaná, hogy befejezze a hűtést. A feltét hozzávalóit összekeverjük, majd a kihűlt tortára kenjük.

Mikrohullámú sárgarépa-, ananász- és diótorta

Egy 20 cm/8-as tortát készít

225 g/8 oz/1 csésze porcukor (szuperfinom).

2 tojás

120 ml/4 fl uncia/½ csésze olaj

1,5 ml/¼ teáskanál só

5 ml/1 teáskanál szódabikarbóna (szódabikarbóna)

100 g/4 oz/1 csésze önnövekvő (magán kelő) liszt

5 ml/1 teáskanál őrölt fahéj

175 g/6 oz sárgarépa, lereszelve

75 g/3 oz/¾ csésze dió, apróra vágva

225 g zúzott ananász a levével

            A cukormázhoz (fagyáshoz):
15 g/½ oz/1 evőkanál vaj vagy margarin

50 g/2 uncia/¼ csésze krémsajt

10 ml/2 teáskanál citromlé

Porcukor (cukrász) szitálva

Egy nagy gyűrűs formát (csőformát) kibélelünk sütőpapírral. A cukrot, a tojást és az olajat habosra keverjük. Óvatosan keverje hozzá a száraz hozzávalókat, amíg jól össze nem áll. Hozzákeverjük a többi torta hozzávalót. Öntsük a keveréket az előkészített formába, tegyük rácsra vagy felfordított tányérra, és magas hőmérsékleten sütjük mikrohullámú sütőben 13 percig, vagy amíg meg nem áll. 5 percig állni hagyjuk, majd rácsra téve kihűlni.

Közben elkészítjük a cukormázt. Tegye a vajat vagy a margarint, a krémsajtot és a citromlevet egy tálba, és tegye a mikrohullámú sütőbe High fokozaton 30-40 másodpercre. Fokozatosan keverjünk bele annyi porcukrot, hogy sűrű állagot kapjunk, és verjük habosra. Ha kihűlt a torta, rákenjük a cukormázra.

Mikrohullámú fűszerezett korpás sütemények

15-öt tesz ki

75 g/3 uncia/¾ csésze All Bran gabonapehely

250 ml/8 fl oz/1 csésze tej

175 g/6 uncia/1½ csésze sima (univerzális) liszt

75 g/3 oz/1/3 csésze porcukor (szuperfinom).

10 ml/2 tk sütőpor

10 ml/2 tk őrölt kevert (almás pite) fűszer

Egy csipet só

60 ml/4 evőkanál aranyszínű (világos kukorica) szirup

45 ml/3 evőkanál olaj

1 tojás, enyhén felverve

75 g/3 uncia/½ csésze mazsola

15 ml/1 evőkanál reszelt narancshéj

Áztassa a gabonát a tejben 10 percig. A lisztet, a cukrot, a sütőport, a fűszereket és a sót összekeverjük, majd a gabonafélékhez keverjük. Keverje hozzá a szirupot, az olajat, a tojást, a mazsolát és a narancshéjat. Papírtokokba kanalazzuk (cupcake-papírok), és egyszerre öt süteményt sütünk magas fokozaton 4 percig mikrohullámú sütőben. Ismételje meg a többi süteménynél.

Mikrohullámú banán és golgotagyümölcs sajttorta

Egy 23 cm/9-es tortát készít

100 g/4 oz/½ csésze vaj vagy margarin, olvasztott

175 g/6 uncia/1½ csésze gyömbéres keksz (sütemény) morzsa

250 g/9 uncia/bőséges 1 csésze krémsajt

175 ml/6 fl oz/¾ csésze savanyú (tejfölös) tejszín

2 tojás, enyhén felverve

100 g/4 oz/½ csésze porcukor (szuperfinom).

1 citrom reszelt héja és leve

150 ml/¼ pt/2/3 csésze habtejszín

1 banán, szeletelve

1 maracuja, apróra vágva

Keverjük össze a vajat vagy a margarint és a kekszmorzsát, és nyomjuk egy 23 cm/9-es mikrohullámú sütőtál aljába és oldalaiba. Mikrohullámú sütőben 1 percig. Hagyjuk kihűlni.

> A krémsajtot és a tejfölt habosra keverjük, majd hozzákeverjük a tojást, a cukrot, a citromlevet és a héját. Az alapra kanalazzuk, és egyenletesen eloszlatjuk. Közepes fokozaton 8 percig főzzük. Hagyjuk kihűlni.

A tejszínt kemény habbá verjük, majd rákenjük a tokra. A tetejét banánszeletekkel megkenjük, és rákanalazzuk a maracuja húsát.

Mikrohullámú sütőben sült narancsos sajttorta

Egy 20 cm/8-as tortát készít

50 g/2 uncia/¼ csésze vaj vagy margarin

12 emésztő keksz (Graham keksz), összetörve

100 g/4 oz/½ csésze porcukor (szuperfinom).

225 g/8 oz/1 csésze krémsajt

2 tojás

30 ml/2 evőkanál sűrített narancslé

15 ml/1 evőkanál citromlé

150 ml/¼ pt/2/3 csésze savanyú (tejföl) tejszín

Egy csipet só

1 narancs

30 ml/2 evőkanál baracklekvár (konzerv)

150 ml/¼ pt/2/3 csésze dupla (nehéz) tejszín

Olvasszuk fel a vajat vagy a margarint egy 20 cm/8-as, mikrohullámú sütőben, magas hőmérsékleten 1 percig. Keverje hozzá a kekszmorzsát és 25 g/1 uncia/2 evőkanál cukrot, majd nyomja rá az edény aljára és oldalára. A sajtot a maradék cukorral és a tojással habosra keverjük, majd hozzákeverjük a narancs- és citromlevet, a tejfölt és a sót. Kanalazz a tokba (héjba), és süsd a mikrohullámú sütőbe magas fokozaton 2 percig. Hagyja állni 2 percig, majd tegye mikrohullámú sütőbe magas fokozaton további 2 percig. Hagyja állni 1 percig, majd tegye mikrohullámú sütőbe High fokozaton 1 percig. Hagyjuk kihűlni.

Hámozza meg a narancsot, és éles késsel távolítsa el a szeleteket a membránról. Olvasszuk fel a lekvárt, és kenjük meg a sajttorta tetejét. A tejszínt habbá verjük, körbeforgatjuk a sajttorta szélét, majd a narancsszeletekkel díszítjük.

Mikrohullámú ananászos sajttorta

Egy 23 cm/9-es tortát készít

100 g/4 oz/½ csésze vaj vagy margarin, olvasztott

175 g/6 uncia/1½ csésze emésztést elősegítő keksz (Graham cracker) morzsa

250 g/9 uncia/bőséges 1 csésze krémsajt

2 tojás, enyhén felverve

5 ml/1 teáskanál reszelt citromhéj

30 ml/2 evőkanál citromlé

75 g/3 oz/1/3 csésze porcukor (szuperfinom).

400 g/14 oz/1 nagy ananászkonzerv, lecsepegtetve és összetörve

150 ml/¼ pt/2/3 csésze dupla (nehéz) tejszín

Keverjük össze a vajat vagy a margarint és a kekszmorzsát, és nyomjuk egy 23 cm/9-es mikrohullámú sütőtál aljába és oldalaiba. Mikrohullámú sütőben 1 percig. Hagyjuk kihűlni.

A krémsajtot, a tojást, a citrom héját, a levét és a cukrot habosra keverjük. Keverjük hozzá az ananászt, és kanalazzuk az alapra. Mikrohullámú sütőben közepes fokozaton 6 percig, amíg meg nem szilárdul. Hagyjuk kihűlni.

A tejszínt kemény habbá verjük, majd a sajttorta tetejére halmozzuk.

Mikrohullámú cseresznye és diós cipó

Egy 900 g-os cipót készít

175 g/6 oz/¾ csésze vaj vagy margarin, lágyítva

175 g/6 uncia/¾ csésze puha barna cukor

3 tojás, felvert

225 g/8 uncia/2 csésze sima (univerzális) liszt

10 ml/2 tk sütőpor

Egy csipet só

45 ml/3 evőkanál tej

75 g/3 uncia/1/3 csésze glacé (kandírozott) cseresznye

75 g/3 oz/¾ csésze apróra vágott vegyes dió

25 g/1 uncia/3 evőkanál porcukor (cukrásziparí) szitán

A vajat vagy a margarint és a barna cukrot habosra keverjük. Fokozatosan beleütjük a tojásokat, majd beleforgatjuk a lisztet, a sütőport és a sót. Keverjük hozzá annyi tejet, hogy lágy állagot kapjunk, majd keverjük hozzá a meggyet és a diót. Egy kivajazott és kibélelt 900 g-os mikrohullámú cipótálba kanalazzuk, és megszórjuk a cukorral. Mikrohullámú sütőben 7 percig. Hagyja állni 5 percig, majd fordítsa rácsra, hogy befejezze a hűtést.

Mikrohullámú csokitorta

Egy 18 cm/7-es tortát készít

225 g/8 oz/1 csésze vaj vagy margarin, lágyítva

175 g/6 uncia/¾ csésze porcukor (szuperfinom).

150 g/5 uncia/1¼ csésze önnövekvő (magán kelő) liszt

50 g/2 oz/¼ csésze kakaópor (cukrozatlan csokoládé).

5 ml/1 teáskanál sütőpor

3 tojás, felvert

45 ml/3 evőkanál tej

Keverjük össze az összes hozzávalót, és kanalazzuk egy kivajazott és kibélelt 18 cm/7-es mikrohullámú edénybe. Mikrohullámú magas fokozaton 9 percig, amíg tapintásra meg nem szilárdul. Hagyja hűlni az edényben 5 percig, majd fordítsa rácsra, hogy teljesen kihűljön.

Mikrohullámú csokoládé mandulás torta

Egy 20 cm/8-as tortát készít

A tortához:
100 g/4 oz/½ csésze vaj vagy margarin, lágyítva

100 g/4 oz/½ csésze porcukor (szuperfinom).

2 tojás, enyhén felverve

100 g/4 oz/1 csésze önnövekvő (magán kelő) liszt

50 g/2 oz/½ csésze kakaópor (cukrozatlan csokoládé).

50 g/2 uncia/½ csésze őrölt mandula

150 ml/¼ pt/2/3 csésze tej

60 ml/4 evőkanál aranyszínű (világos kukorica) szirup

A cukormázhoz (fagyáshoz):
100 g/4 oz/1 csésze sima (félédes) csokoládé

25 g/1 uncia/2 evőkanál vaj vagy margarin

8 egész mandula

A torta elkészítéséhez a vajat vagy a margarint és a cukrot világos és habosra keverjük. Fokozatosan beleütjük a tojásokat, majd beleforgatjuk a lisztet és a kakaót, majd az őrölt mandulát. Hozzákeverjük a tejet és a szirupot, és világosra és puhára verjük. Egy 20 cm/8-as mikrohullámú sütőben, fóliával (műanyag fóliával) bélelt edénybe kanalazzuk, és magas fokozaton 4 percig sütjük. Vegyük ki a sütőből, fedjük le alufóliával a tetejét, hagyjuk kicsit hűlni, majd borítsuk rácsra, hogy teljesen kihűljön.

A cukormáz elkészítéséhez olvasszuk fel a csokoládét és a vajat vagy a margarint High-on 2 percig. Jól verd meg. A mandulát félig mártsuk bele a csokoládéba, majd hagyjuk megdermedni egy darab zsíros (viaszos) papíron. A maradék cukormázzal ráöntjük a tortát, és elosztjuk a tetejét és az oldalát. Díszítsük mandulával és hagyjuk dermedni.

Mikrohullámú Dupla csokoládé Brownie

8-at tesz ki

150 g/5 uncia/1¼ csésze sima (félédes) csokoládé, durvára vágva

75 g/3 uncia/1/3 csésze vaj vagy margarin

175 g/6 uncia/¾ csésze puha barna cukor

2 tojás, enyhén felverve

150 g/5 uncia/1¼ csésze sima (univerzális) liszt

2,5 ml/½ teáskanál sütőpor

2,5 ml/½ teáskanál vanília esszencia (kivonat)

30 ml/2 evőkanál tej

Olvassz fel 50 g csokoládét a vajjal vagy margarinnal High-on 2 percig. A cukrot és a tojásokat habosra keverjük, majd a lisztet, a sütőport, a vanília esszenciát és a tejet simára keverjük. Egy kivajazott, 20 cm/8-as, négyzet alakú mikrohullámú sütőedénybe kanalazzuk, és magas fokozaton sütjük 7 percig. 10 percig az edényben hűlni hagyjuk. A maradék csokoládét 1 percig olvasszuk fel High-on, majd kenjük rá a torta tetejére és hagyjuk kihűlni. Négyzetekre vágjuk.

Mikrohullámú csokoládé datolyaszeletek

8-at tesz ki

50 g/2 oz/1/3 csésze magozott (magozott) datolya, apróra vágva

60 ml/4 evőkanál forrásban lévő víz

65 g/2½ uncia/1/3 csésze vaj vagy margarin, lágyítva

225 g/8 oz/1 csésze porcukor (szuperfinom).

1 tojás

100 g/4 uncia/1 csésze sima (univerzális) liszt

10 ml/2 teáskanál kakaópor (cukrozatlan csokoládé).

2,5 ml/½ teáskanál sütőpor

Egy csipet só

25 g/1 uncia/¼ csésze apróra vágott vegyes dió

100 g/4 oz/1 csésze sima (félédes) csokoládé, apróra vágva

A datolyát összekeverjük a forrásban lévő vízzel, és hagyjuk állni, amíg kihűl. A vajat vagy a margarint a cukor felével habosra keverjük. Fokozatosan beledolgozzuk a tojást, majd felváltva keverjük hozzá a lisztet, a kakaót, a sütőport és a sót és a datolyás keveréket. Kivajazott és lisztezett 20 cm/8 négyzet alakú mikrohullámú edénybe kanalazzuk. A maradék cukrot összekeverjük a dióval és a csokoládéval, és enyhén lenyomva szórjuk a tetejére. Mikrohullámú sütőben 8 percig. Hagyja kihűlni az edényben, mielőtt négyzetekre vágja.

Mikrohullámú csokoládé négyzetek

16-os lesz

A tortához:

50 g/2 uncia/¼ csésze vaj vagy margarin

5 ml/1 tk porcukor (szuperfinom).

75 g/3 uncia/¾ csésze sima (univerzális) liszt

1 tojássárgája

15 ml/1 evőkanál víz

175 g/6 uncia/1½ csésze sima (félédes) csokoládé, reszelve vagy apróra vágva

A feltéthez:

50 g vaj vagy margarin

50 g/2 uncia/¼ csésze porcukor (szuperfinom).

1 tojás

2,5 ml/½ teáskanál vanília esszencia (kivonat)

100 g/4 oz/1 csésze dió, apróra vágva

A süteményhez a vajat vagy a margarint megpuhítjuk, és beledolgozzuk a cukrot, a lisztet, a tojássárgáját és a vizet. A keveréket egyenletesen oszlassuk el egy 20 cm/8-as, négyzet alakú mikrohullámú sütőedényben, és 2 percig sütjük High-on. Megszórjuk a csokoládéval, és a mikrohullámú sütőben 1 percig sütjük. Egyenletesen eloszlatjuk az alapon, és hagyjuk megkeményedni.

Az öntet elkészítéséhez a vajat vagy a margarint magas fokozaton 30 másodpercig mikrohullámú sütőben sütjük. Hozzákeverjük a maradék feltét hozzávalóit, és rákenjük a csokoládéra. Mikrohullámú sütőben 5 percig. Hagyjuk kihűlni, majd kockákra vágjuk.

Mikrohullámú gyors kávétorta

Egy 19 cm/7 cm-es tortát tesz ki

A tortához:

225 g/8 oz/1 csésze vaj vagy margarin, lágyítva

225 g/8 oz/1 csésze porcukor (szuperfinom).

225 g/8 oz/2 csésze önnövekvő (magán kelő) liszt

5 tojás

45 ml/3 evőkanál kávéesszencia (kivonat)

A cukormázhoz (fagyáshoz):

30 ml/2 evőkanál kávéesszencia (kivonat)

175 g/6 uncia/¾ csésze vaj vagy margarin

Porcukor (cukrász) szitálva

Dió felét díszíteni

Keverje össze a torta összes összetevőjét, amíg jól el nem keveredik. Két 19 cm/7-es mikrohullámú süteménytartóba osztva, mindegyiket magas hőmérsékleten 5-6 percig sütjük. Vegyük ki a mikrohullámú sütőből és hagyjuk kihűlni.

A cukormáz hozzávalóit összeturmixoljuk, ízlés szerint porcukorral édesítjük. Ha kihűlt, szendvicsre szedjük a tortákat a cukormáz felével, a többit a tetejére kenjük. Diófélékkel díszítjük.

Mikrohullámú karácsonyi sütemény

Egy 23 cm/9-es tortát készít

150 g/5 uncia/2/3 csésze vaj vagy margarin, lágyítva

150 g/5 uncia/2/3 csésze puha barna cukor

3 tojás

30 ml/2 evőkanál fekete melasz (melasz)

225 g/8 oz/2 csésze önnövekvő (magán kelő) liszt

10 ml/2 tk őrölt kevert (almás pite) fűszer

2. 5 ml/½ teáskanál reszelt szerecsendió

2,5 ml/½ teáskanál szódabikarbóna (szódabikarbóna)

450 g/1 font/22/3 csésze vegyes aszalt gyümölcs (gyümölcstorta keverék)

50 g/2 uncia/¼ csésze glacé (kandírozott) cseresznye

50 g/2 oz/1/3 csésze apróra vágott vegyes héj

50 g/2 oz/½ csésze apróra vágott vegyes dió

30 ml/2 evőkanál brandy

További pálinka a sütemény érleléséhez (opcionális)

A vajat vagy a margarint és a cukrot habosra keverjük. Fokozatosan beleütjük a tojást és a melaszot, majd beleforgatjuk a lisztet, a fűszereket és a szódabikarbónát. Óvatosan keverjük hozzá a gyümölcsöt, a vegyes héjat és a diót, majd keverjük hozzá a pálinkát. Egy 23 cm/9-es, alappal bélelt mikrohullámú edénybe kanalazzuk, és alacsony fokozaton sütjük 45-60 percig. Hagyja hűlni az edényben 15 percig, mielőtt rácsra fordítja, hogy befejezze a hűtést.

Ha kihűlt, a tortát fóliába csomagoljuk, és hűvös, sötét helyen 2 hétig tároljuk. Ízlés szerint vékony nyárssal többször átszúrjuk a torta tetejét, és meglocsoljuk még egy kevés pálinkával, majd visszatekerjük és tároljuk a tortát. Ezt többször is megteheti, hogy gazdagabb tortát készítsen.

Mikrohullámú morzsás torta

Egy 20 cm/8-as tortát készít

300 g/10 uncia/1¼ csésze porcukor (szuperfinom).

225 g/8 uncia/2 csésze sima (univerzális) liszt

10 ml/2 tk sütőpor

5 ml/1 teáskanál őrölt fahéj

100 g/4 oz/½ csésze vaj vagy margarin, lágyítva

2 tojás, enyhén felverve

100 ml/3½ fl oz/6½ evőkanál tej

Keverjük össze a cukrot, a lisztet, a sütőport és a fahéjat. Dolgozzuk bele a vajat vagy a margarint, majd tegyük félre a keverék negyedét. A tojást és a tejet összekeverjük, majd a nagyobb adag tortakeverékhez keverjük. A masszát kivajazott és lisztezett 20 cm/8-as mikrohullámú sütőedénybe kanalazzuk, és megszórjuk a fenntartott morzsás keverékkel. Mikrohullámú sütőben 10 percig. Az edényben hagyjuk kihűlni.

Mikrohullámú dátumsávok

12-t tesz ki

150 g/5 oz/1¼ csésze önnövekvő (önnövekedő) liszt

175 g/6 uncia/¾ csésze porcukor (szuperfinom).

100 g/4 oz/1 csésze szárított (aprított) kókuszdió

100 g/4 uncia/2/3 csésze kimagozott (kimagozott) datolya, apróra vágva

50 g/2 oz/½ csésze apróra vágott vegyes dió

100 g/4 oz/½ csésze vaj vagy margarin, olvasztott

1 tojás, enyhén felverve

Cukor (cukrász) cukor porozáshoz

Keverjük össze a száraz hozzávalókat. Hozzákeverjük a vajat vagy a margarint és a tojást, és kemény tésztává keverjük. Nyomjuk egy 20 cm/8-as négyzet alakú mikrohullámú edény aljába, és 8 percig sütjük Medium-on, amíg meg nem szilárdul. Hagyja az edényben 10 percig, majd vágja szeletekre, és tegye rácsra, hogy teljesen kihűljön.

Mikrohullámú fügekenyér

Egy 675 g/1½ font súlyú cipót készít

100 g/4 uncia/2 csésze korpa

50 g/2 uncia/¼ csésze puha barna cukor

45 ml/3 evőkanál tiszta méz

100 g/4 uncia/2/3 csésze szárított füge, apróra vágva

50 g/2 oz/½ csésze mogyoró, apróra vágva

300 ml/½ pt/1¼ csésze tej

100 g/4 oz/1 csésze teljes kiőrlésű (teljes kiőrlésű) liszt

10 ml/2 tk sütőpor

Egy csipet só

Az összes hozzávalót kemény tésztává keverjük. Mikrohullámú cipóformába formázzuk, a felületét elsimítjuk. Főzzük magas fokozaton 7 percig. Hagyja 10 percig hűlni az edényben, majd fordítsa rácsra, hogy teljesen kihűljön.

Mikrohullámú csappantyúk

24-es lesz

175 g/6 oz/¾ csésze vaj vagy margarin, lágyítva

50 g/2 uncia/¼ csésze porcukor (szuperfinom).

50 g/2 uncia/¼ csésze puha barna cukor

90 ml/6 evőkanál aranyszínű (világos kukorica) szirup

Egy csipet só

275 g/10 uncia/2½ csésze hengerelt zab

Keverjük össze a vajat vagy a margarint és a cukrot egy nagy tálban, és főzzük magas hőmérsékleten 1 percig. Adjuk hozzá a többi hozzávalót és jól keverjük össze. A keveréket egy kivajazott, 18 cm/7-es mikrohullámú sütőben lévő edénybe kanalazzuk, és enyhén nyomjuk le. Főzzük magas fokozaton 5 percig. Hagyjuk kicsit hűlni, majd vágjuk kockákra.

Mikrohullámú gyümölcstorta

Egy 18 cm/7-es tortát készít

175 g/6 oz/¾ csésze vaj vagy margarin, lágyítva

175 g/6 uncia/¾ csésze porcukor (szuperfinom).

1 citrom reszelt héja

3 tojás, felvert

225 g/8 uncia/2 csésze sima (univerzális) liszt

5 ml/1 teáskanál őrölt kevert (almás pite) fűszer

225 g/8 uncia/11/3 csésze mazsola

225 g/8 uncia/11/3 csésze szultána (arany mazsola)

50 g/2 uncia/¼ csésze glacé (kandírozott) cseresznye

50 g/2 oz/½ csésze apróra vágott vegyes dió

15 ml/1 evőkanál aranyszínű (világos kukorica) szirup

45 ml/3 evőkanál brandy

A vajat vagy a margarint és a cukrot habosra keverjük. Belekeverjük a citrom héját, majd fokozatosan beleütjük a tojásokat. Belekeverjük a lisztet és a fűszerkeveréket, majd belekeverjük a többi hozzávalót. Kiolajozott és kibélelt 18 cm/7-es kör alakú mikrohullámú sütőedénybe kanalazzuk, és alacsony fokozaton sütjük 35 percig, amíg a közepébe szúrt nyárs tisztán ki nem jön. Hagyja 10 percig hűlni az edényben, majd fordítsa rácsra, hogy teljesen kihűljön.

Mikrohullámú gyümölcs és kókusz négyzetek

8-at tesz ki

50 g/2 uncia/¼ csésze vaj vagy margarin

9 emésztést elősegítő keksz (Graham keksz), összetörve

50 g/2 oz/½ csésze szárított (aprított) kókuszdió

100 g/4 oz/2/3 csésze apróra vágott vegyes (kandírozott) héj

50 g/2 oz/1/3 csésze magozott (magozott) datolya, apróra vágva

15 ml/1 evőkanál sima (univerzális) liszt

25 g/1 uncia/2 evőkanál glacé (kandírozott) cseresznye, apróra vágva

100 g/4 oz/1 csésze dió, apróra vágva

150 ml/¼ pt/2/3 csésze sűrített tej

Olvasszuk fel a vajat vagy a margarint egy 20 cm/8-as, négyzet alakú mikrohullámú edényben High fokozaton 40 másodpercig. Belekeverjük a kekszmorzsát, és egyenletesen elosztjuk az edény alján. Megszórjuk a kókuszdióval, majd a vegyes héjjal. A datolyát összekeverjük a liszttel, a cseresznyével és a dióval, majd a tetejére szórjuk, majd felöntjük a tejjel. Mikrohullámú sütőben 8 percig. Az edényben hagyjuk kihűlni, majd kockákra vágjuk.

Mikrohullámú Caramel torta

Egy 20 cm/8-as tortát készít

150 g/5 uncia/1¼ csésze sima (univerzális) liszt

5 ml/1 teáskanál sütőpor

Egy csipet szódabikarbóna (szódabikarbóna)

Egy csipet só

300 g/10 uncia/1¼ csésze porcukor (szuperfinom).

50 g/2 oz/¼ csésze vaj vagy margarin, lágyítva

250 ml/8 fl oz/1 csésze tej

Néhány csepp vanília esszencia (kivonat)

1 tojás

100 g/4 oz/1 csésze sima (félédes) csokoládé, apróra vágva

50 g apróra vágott vegyes dió

Csokoládé vajas cukormáz

Keverjük össze a lisztet, a sütőport, a szódabikarbónát és a sót. Keverjük hozzá a cukrot, majd keverjük simára a vajat vagy a margarint, a tejet és a vaníliaesszenciát. Beleütjük a tojást. Mikrohullámú sütőben a csokoládé háromnegyedét High fokozaton sütjük 2 percig, amíg fel nem olvad, majd krémesre keverjük a torta keverékhez. Belekeverjük a diót. A keveréket két kiolajozott és lisztezett 20 cm/8-as mikrohullámú edénybe kanalazzuk, és mindegyiket külön-külön 8 percig sütjük. A sütőből kivéve, fóliával letakarva hagyjuk hűlni 10 percig, majd rácsra szedjük, hogy teljesen kihűljön. Szendvicset a vajmáz felével (mázzal), majd a maradék cukormázzal megkenjük a tetejét és díszítjük a fenntartott csokoládéval.

Mikrohullámú mézeskalács

Egy 20 cm/8-as tortát készít

50 g/2 uncia/¼ csésze vaj vagy margarin

75 g/3 uncia/¼ csésze fekete melasz (melasz)

15 ml/1 evőkanál porcukor (szuperfinom).

100 g/4 uncia/1 csésze sima (univerzális) liszt

5 ml/1 teáskanál őrölt gyömbér

2,5 ml/½ teáskanál őrölt kevert (almás pite) fűszer

2,5 ml/½ teáskanál szódabikarbóna (szódabikarbóna)

1 tojás, felvert

Helyezze a vajat vagy a margarint egy tálba, és süsse be a mikrohullámú sütőt High-on 30 másodpercre. Keverje hozzá a melaszot és a cukrot, majd süsse a mikrohullámú sütőbe magas fokozaton 1 percig. Hozzákeverjük a lisztet, a fűszereket és a szódabikarbónát. Beleütjük a tojást. Kanalazzuk a keveréket egy kivajazott 1,5 literes/2½ pint/6 csésze edénybe, és 4 percig sütjük magas fokozaton mikrohullámú sütőben. Hűtsük az edényben 5 percig, majd fordítsuk rácsra, hogy befejezzük a hűtést.

Mikrohullámú gyömbérszeletek

12-t tesz ki

A tortához:

150 g/5 uncia/2/3 csésze vaj vagy margarin, lágyítva

50 g/2 uncia/¼ csésze porcukor (szuperfinom).

100 g/4 uncia/1 csésze sima (univerzális) liszt

2,5 ml/½ teáskanál sütőpor

5 ml/1 teáskanál őrölt gyömbér

A feltéthez:

15 g/½ oz/1 evőkanál vaj vagy margarin

15 ml/1 evőkanál aranyszínű (világos kukorica) szirup

Néhány csepp vanília esszencia (kivonat)

5 ml/1 teáskanál őrölt gyömbér

50 g/2 uncia/1/3 csésze porcukor (cukrászok).

A torta elkészítéséhez a vajat vagy a margarint és a cukrot világos és habosra keverjük. Hozzákeverjük a lisztet, a sütőport és a gyömbért, és sima tésztává keverjük. Nyomd bele egy 20 cm/8-as négyzet alakú mikrohullámú edénybe, és süsd közepesen 6 percig, amíg megszilárdul.

Az öntethez a vajat vagy a margarint és a szirupot felolvasztjuk. Hozzákeverjük a vanília esszenciát, a gyömbért és a porcukrot, és sűrűre keverjük. Egyenletesen elosztjuk a meleg tortán. Hagyjuk kihűlni az edényben, majd vágjuk szeletekre vagy négyzetekre.

Mikrohullámú arany torta

Egy 20 cm/8-as tortát készít

A tortához:

100 g/4 oz/½ csésze vaj vagy margarin, lágyítva

100 g/4 oz/½ csésze porcukor (szuperfinom).

2 tojás, enyhén felverve

Néhány csepp vanília esszencia (kivonat)

225 g/8 uncia/2 csésze sima (univerzális) liszt

10 ml/2 tk sütőpor

Egy csipet só

60 ml/4 evőkanál tej

A cukormázhoz (fagyáshoz):

50 g/2 oz/¼ csésze vaj vagy margarin, lágyítva

100 g/4 uncia/2/3 csésze (cukrász) cukor

Néhány csepp vanília esszencia (kivonat) (opcionális)

A tortához a vajat vagy a margarint és a cukrot habosra keverjük. Fokozatosan beleütjük a tojásokat, majd beleforgatjuk a lisztet, a sütőport és a sót. Keverjünk hozzá annyi tejet, hogy lágy, csepegtető állagot kapjunk. Két kivajazott és lisztezett 20 cm/8-as mikrohullámú edénybe kanalazzuk, és mindegyik süteményt külön-külön, magas fokozaton 6 percig sütjük. A sütőből kivéve, fóliával letakarva hagyjuk hűlni 5 percig, majd rácsra szedjük, hogy teljesen kihűljön.

A cukormáz elkészítéséhez a vajat vagy a margarint puhára verjük, majd ízlés szerint belekeverjük a porcukrot és a vaníliaesszenciát. Szendvicsre szedjük a tortákat a cukormáz felével, majd a maradékot a tetejére kenjük.

Mikrohullámú mézes-mogyorós sütemény

Egy 18 cm/7-es tortát készít

150 g/5 uncia/2/3 csésze vaj vagy margarin, lágyítva

100 g/4 uncia/½ csésze puha barna cukor

45 ml/3 evőkanál tiszta méz

3 tojás, felvert

225 g/8 oz/2 csésze önnövekvő (magán kelő) liszt

100 g/4 oz/1 csésze darált mogyoró

45 ml/3 evőkanál tej

Vajas jegesedés

A vajat vagy a margarint, a cukrot és a mézet habosra keverjük. Fokozatosan beleütjük a tojásokat, majd beleforgatjuk a lisztet, a mogyorót és annyi tejet, hogy lágy állagot kapjunk. Egy 18 cm/7-es mikrohullámú sütőedénybe kanalazzuk, és közepes fokozaton 7 percig főzzük. Hagyja hűlni az edényben 5 percig, majd fordítsa rácsra, hogy teljesen kihűljön. A tortát vízszintesen kettévágjuk, majd vajmázzal (mázzal) szendvicsre kenjük.

Mikrohullámú rágós müzliszeletek

Körülbelül 10-et tesz ki

100 g/4 oz/½ csésze vaj vagy margarin

175 g/6 uncia/½ csésze tiszta méz

50 g/2 uncia/1/3 csésze fogyasztásra kész szárított sárgabarack, apróra vágva

50 g/2 oz/1/3 csésze magozott (magozott) datolya, apróra vágva

75 g/3 oz/¾ csésze apróra vágott vegyes dió

100 g/4 uncia/1 csésze hengerelt zab

100 g/4 uncia/½ csésze puha barna cukor

1 tojás, felvert

25 g/1 oz/2 evőkanál önnövekvő (magán kelő) liszt

Tegye a vajat vagy a margarint és a mézet egy tálba, és főzze magas fokozaton 2 percig. Keverje össze az összes többi hozzávalót. Egy 20 cm/8-as mikrohullámú sütő tepsibe kanalazzuk, és magas fokozaton 8 percig sütjük. Hagyjuk kicsit hűlni, majd vágjuk négyzetekre vagy szeletekre.

Mikrohullámú diótorta

Egy 20 cm/8-as tortát készít

150 g/5 uncia/1¼ csésze sima (univerzális) liszt

Egy csipet só

5 ml/1 teáskanál őrölt fahéj

75 g/3 uncia/1/3 csésze puha barna cukor

75 g/3 oz/1/3 csésze porcukor (szuperfinom).

75 ml/5 evőkanál olaj

25 g/1 uncia/¼ csésze dió, apróra vágva

5 ml/1 teáskanál sütőpor

2,5 ml/½ teáskanál szódabikarbóna (szódabikarbóna)

1 tojás

150 ml/¼ pt/2/3 csésze savanyított tej

Keverjük össze a lisztet, a sót és a fahéj felét. Hozzákeverjük a cukrot, majd az olajat jól elkeverjük. Vegyen ki 90 ml/6 evőkanálnyi keveréket, és keverje hozzá a diófélékhez és a maradék fahéjhoz. Adjuk hozzá a sütőport, a szódabikarbónát, a tojást és a tejet a masszához, és keverjük simára. A fő keveréket kivajazott és lisztezett 20 cm/8-as mikrohullámú sütőedénybe kanalazzuk, a tetejére szórjuk a diós keveréket. Mikrohullámú sütőben 8 percig. 10 percig az edényben hűlni hagyjuk, és melegen tálaljuk.

Mikrohullámú narancslé torta

Egy 20 cm/8-as tortát készít

250 g/9 uncia/2¼ csésze sima (univerzális) liszt

225 g/8 oz/1 csésze kristálycukor

15 ml/1 evőkanál sütőpor

2,5 ml/½ teáskanál só

60 ml/4 evőkanál olaj

250 ml/8 fl oz/2 csésze narancslé

2 tojás, szétválasztva

100 g/4 oz/½ csésze porcukor (szuperfinom).

Narancssárga vajas jegesedés

Orange Glacé Icing

Keverjük össze a lisztet, a kristálycukrot, a sütőport, a sót, az olajat és a narancs fele levét, és addig verjük, amíg jól el nem keveredik. A tojások sárgáját és a maradék narancslevet habosra és puhára verjük. A tojásfehérjét kemény habbá verjük, majd hozzáadjuk a porcukor felét, és kemény habbá verjük. Keverjük bele a maradék cukrot, majd forgassuk bele a tojásfehérjét. Két kiolajozott és lisztezett 20 cm/8-as mikrohullámú edénybe kanalazzuk, és mindegyiket külön-külön, magas fokozaton 6-8 percig sütjük. A sütőből kivéve, fóliával letakarva hagyjuk hűlni 5 percig, majd rácsra szedjük, hogy teljesen kihűljön. A süteményeket narancssárga vajas cukormázzal (mázzal) szendvicsre kenjük, és a tetejüket megkenjük a narancssárga glacé cukormázzal.

Mikrohullámú sütő Pavlova

Egy 23 cm/9-es tortát készít

4 tojás fehérje

225 g/8 oz/1 csésze porcukor (szuperfinom).

2,5 ml/½ teáskanál vanília esszencia (kivonat)

Néhány csepp borecet

150 ml/¼ pt/2/3 csésze habtejszín

1 kivi, szeletelve

100 g/4 uncia eper, szeletelve

A tojásfehérjéket addig verjük, amíg lágy csúcsok nem lesznek. Beleszórjuk a cukor felét és jól elkeverjük. Fokozatosan adjuk hozzá a maradék cukrot, a vanília esszenciát és az ecetet, és keverjük addig, amíg fel nem oldódik. A keveréket 23 cm-es körbe kanalazzuk egy sütőpapírra. Mikrohullámú sütőben 2 percig. Hagyja állni a mikrohullámú sütőben nyitott ajtó mellett 10 percig. Vegyük ki a sütőből, tépjük le a háttérpapírt és hagyjuk kihűlni. A tejszínt kemény habbá verjük, és a habcsók tetejére kenjük. Rendezzük el a gyümölcsöt vonzóan a tetején.

Mikrohullámú sütemény

Egy 20 cm/8-as tortát készít

225 g/8 uncia/2 csésze sima (univerzális) liszt

15 ml/1 evőkanál sütőpor

50 g/2 uncia/¼ csésze porcukor (szuperfinom).

100 g/4 oz/½ csésze vaj vagy margarin

75 ml/5 evőkanál egyszínű (könnyű) tejszín

1 tojás

Keverjük össze a lisztet, a sütőport és a cukrot, majd dörzsöljük bele a vajat vagy a margarint, amíg a keverék zsemlemorzsa nem lesz. Keverjük össze a tejszínt és a tojást, majd dolgozzuk a lisztes keverékhez, amíg lágy tésztát nem kapunk. Kiolajozott 20 cm/8-as mikrohullámú edénybe nyomkodjuk, és magas fokozaton 6 percig sütjük. Hagyjuk állni 4 percig, majd fordítsuk ki, és egy rácson fejezzük be a hűtést.

Mikrohullámú epres sütemény

Egy 20 cm/8-as tortát készít

900 g/2 font eper, vastagon szeletelve

225 g/8 oz/1 csésze porcukor (szuperfinom).

225 g/8 uncia/2 csésze sima (univerzális) liszt

15 ml/1 evőkanál sütőpor

175 g/6 uncia/¾ csésze vaj vagy margarin

75 ml/5 evőkanál egyszínű (könnyű) tejszín

1 tojás

150 ml/¼ pt/2/3 csésze dupla (nehéz) tejszín, felvert

Keverjük össze az epret 175 g/¾ csésze cukorral, majd hűtsük le legalább 1 órára.

Keverje össze a lisztet, a sütőport és a maradék cukrot, majd dörzsölje bele 100 g vajat vagy margarint, amíg a keverék zsemlemorzsára nem hasonlít. Keverjük össze a tejszínt és a tojást, majd dolgozzuk a lisztes keverékhez, amíg lágy tésztát nem kapunk. Kiolajozott 20 cm/8-as mikrohullámú edénybe nyomkodjuk, és magas fokozaton 6 percig sütjük. Hagyja állni 4 percig, majd fordítsa ki, és még melegen hasítsa szét a közepén. Hagyjuk kihűlni.

Mindkét vágási felületet megkenjük a maradék vajjal vagy margarinnal. Az alapra kenjük a tejszínhab egyharmadát, majd bevonjuk az eper háromnegyedével. A tetejére kenjük a tejszín további egyharmadát, majd ráhelyezzük a második süteményt. A tetejére kenjük a maradék tejszínt és az epret.

Mikrohullámú piskóta

Egy 18 cm/7-es tortát készít

150 g/5 uncia/1¼ csésze önnövekvő (magán kelő) liszt

100 g/4 oz/½ csésze vaj vagy margarin

100 g/4 oz/½ csésze porcukor (szuperfinom).

2 tojás

30 ml/2 evőkanál tej

Az összes hozzávalót simára keverjük. Egy 18 cm/7-es, alappal bélelt mikrohullámú edénybe kanalazzuk, és médiumon 6 percig sütjük. Hagyja hűlni az edényben 5 percig, majd fordítsa rácsra, hogy teljesen kihűljön.

Mikrohullámú Sultana Bars

12-t tesz ki

175 g/6 uncia/¾ csésze vaj vagy margarin

100 g/4 oz/½ csésze porcukor (szuperfinom).

15 ml/1 evőkanál aranyszínű (világos kukorica) szirup

75 g/3 uncia/½ csésze szultána (arany mazsola)

5 ml/1 teáskanál reszelt citromhéj

225 g/8 oz/2 csésze önnövekvő (magán kelő) liszt

A cukormázhoz (fagyáshoz):
175 g/6 uncia/1 csésze porcukor (cukrászipari termékek).

30 ml/2 evőkanál citromlé

A vajat vagy margarint, a porcukrot és a szirupot közepes fokozaton 2 percig sütjük mikrohullámú sütőben. Keverje hozzá a szultánokat és a citrom héját. Belekeverjük a lisztet. Kiolajozott és kibélelt, 20 cm/8-as négyzet alakú mikrohullámú edénybe kanalazzuk, és közepes fokozaton 8 percig sütjük, amíg meg nem szilárdul. Hagyjuk kicsit hűlni.

Tegye a porcukrot egy tálba, és készítsen mélyedést a közepébe. Fokozatosan hozzákeverjük a citromlevet, hogy sima cukormázat kapjunk. Még melegen kenjük a tortára, majd hagyjuk teljesen kihűlni.

Mikrohullámú csokis keksz

24-es lesz

225 g/8 oz/1 csésze vaj vagy margarin, lágyítva

100 g/4 uncia/½ csésze sötétbarna cukor

5 ml/1 tk vanília esszencia (kivonat)

225 g/8 oz/2 csésze önnövekvő (magán kelő) liszt

50 g/2 uncia/½ csésze ivócsokoládépor

A vajat, a cukrot és a vanília esszenciát habosra keverjük. Fokozatosan hozzákeverjük a lisztet és a csokoládét, és sima tésztává keverjük. Diónyi golyókat formázunk, egyenként hatot kikent mikrohullámú sütőlapra (süti) helyezünk el, és villával kissé ellapítjuk. Mikrohullámú sütőben minden egyes tételt High fokozaton 2 percig, amíg az összes keksz (sütemény) meg nem fő. Rácson hagyjuk kihűlni.

Mikrohullámú kókuszos sütik

24-es lesz

50 g/2 oz/¼ csésze vaj vagy margarin, lágyítva

75 g/3 oz/1/3 csésze porcukor (szuperfinom).

1 tojás, enyhén felverve

2,5 ml/½ teáskanál vanília esszencia (kivonat)

75 g/3 uncia/¾ csésze sima (univerzális) liszt

25 g/1 uncia/¼ csésze szárított (aprított) kókuszdió

Egy csipet só

30 ml/2 evőkanál eper lekvár (konzerv)

A vajat vagy a margarint és a cukrot habosra keverjük. A tojást és a vanília esszenciát a liszttel, a kókusszal és a sóval váltakozva keverjük sima tésztává. Diónyi golyókat formázunk, és egyenként hatot kikent mikrohullámú sütőlapra (süti) helyezünk el, majd villával enyhén megnyomkodjuk, hogy kissé ellapuljon. Mikrohullámú sütőben 3 percig, amíg megszilárdul. Tegyük rácsra, és helyezzünk egy kanál lekvárt minden süti közepére. Ismételje meg a többi sütivel.

Mikrohullámú firenzei

12-t tesz ki

50 g/2 uncia/¼ csésze vaj vagy margarin

50 g/2 uncia/¼ csésze demerara cukor

15 ml/1 evőkanál aranyszínű (világos kukorica) szirup

50 g/2 uncia/¼ csésze glacé (kandírozott) cseresznye

75 g/3 oz/¾ csésze dió, apróra vágva

25 g/1 uncia/3 evőkanál szultána (arany mazsola)

25 g/1 oz/¼ csésze pelyhes (reszelt) mandula

30 ml/2 evőkanál apróra vágott vegyes (kandírozott) héj

25 g/1 uncia/¼ csésze sima (univerzális) liszt

100 g/4 oz/1 csésze sima (félédes) csokoládé, törve (opcionális)

A vajat vagy a margarint, a cukrot és a szirupot magas hőmérsékleten 1 percig sütjük, amíg el nem olvad. Hozzákeverjük a meggyet, a diót, a szultánt és a mandulát, majd belekeverjük az elkevert héjat és a lisztet. Helyezzen egy teáskanálnyi keveréket jól egymástól zsírálló (viaszos) papírra, és főzzön egyszerre négyet High-on 1,5 percig minden adagban. Késsel simítsa össze a széleit, hagyja hűlni a papíron 3 percig, majd tegyük rácsra, hogy befejezze a hűtést. Ismételje meg a maradék keksszel. Ízlés szerint a csokoládét egy tálban 30 másodpercig megolvasztjuk, és rákenjük a firenze egyik oldalára, majd hagyjuk dermedni.

Mikrohullámú mogyorós és cseresznyés keksz

24-es lesz

100 g/4 oz/½ csésze vaj vagy margarin, lágyítva

100 g/4 oz/½ csésze porcukor (szuperfinom).

1 tojás, felvert

175 g/6 uncia/1½ csésze sima (univerzális) liszt

50 g/2 oz/½ csésze darált mogyoró

100 g/4 oz/½ csésze glacé (kandírozott) cseresznye

A vajat vagy a margarint és a cukrot habosra keverjük. Fokozatosan beleütjük a tojást, majd beleforgatjuk a lisztet, a mogyorót és a cseresznyét. Helyezzen kanálokat jó távolságban a mikrohullámú sütőlapokra, és egyszerre nyolc kekszet (kekszet) tegyen mikrohullámú sütőbe a High fokozaton körülbelül 2 percig, amíg meg nem szilárdul.

Mikrohullámú Sultana keksz

24-es lesz

225 g/8 uncia/2 csésze sima (univerzális) liszt

5 ml/1 teáskanál őrölt kevert (almás pite) fűszer

175 g/6 oz/¾ csésze vaj vagy margarin, lágyítva

100 g/4 uncia/2/3 csésze szultána (arany mazsola)

175 g/6 uncia/¾ csésze demerara cukor

Keverje össze a lisztet és a fűszerkeveréket, majd keverje össze a vajat vagy a margarint, a szultánt és a 100 g/4 oz/½ csésze cukrot, hogy lágy tésztát kapjon. Két kb 18 cm-es kolbászformát formázunk, és beleforgatjuk a maradék cukorba. Vágja szeletekre, és helyezze el egyszerre hatot egy kivajazott mikrohullámú sütőlapra (süti), majd süsse a mikrohullámú sütőbe High fokozaton 2 percig. Rácson hagyjuk kihűlni, és ismételjük meg a maradék keksszel (sütivel).

Mikrohullámú banán kenyér

Egy 450 g/1 font súlyú cipót készít

75 g/3 uncia/1/3 csésze vaj vagy margarin, lágyítva

175 g/6 uncia/¾ csésze porcukor (szuperfinom).

2 tojás, enyhén felverve

200 g/7 uncia/1¾ csésze sima (univerzális) liszt

10 ml/2 tk sütőpor

2,5 ml/½ teáskanál szódabikarbóna (szódabikarbóna)

Egy csipet só

2 érett banán

15 ml/1 evőkanál citromlé

60 ml/4 evőkanál tej

50 g/2 oz/½ csésze dió, apróra vágva

A vajat vagy a margarint és a cukrot habosra keverjük. Fokozatosan beleütjük a tojásokat, majd beleforgatjuk a lisztet, a sütőport, a szódabikarbónát és a sót. A banánt a citromlével pépesítjük, majd a tejjel és a dióval elkeverjük. Egy kivajazott és lisztezett, 450 g-os, mikrohullámú sütőformába (serpenyőbe) kanalazzuk, és 12 percig sütjük magas fokozaton. A sütőből kivéve, fóliával letakarva hagyjuk hűlni 10 percig, majd rácsra szedjük, hogy teljesen kihűljön.

Mikrohullámú sajtos kenyér

Egy 450 g/1 font súlyú cipót készít

50 g/2 uncia/¼ csésze vaj vagy margarin

250 ml/8 fl oz/1 csésze tej

2 tojás, enyhén felverve

225 g/8 uncia/2 csésze sima (univerzális) liszt

10 ml/2 tk sütőpor

10 ml/2 tk mustárpor

2,5 ml/½ teáskanál só

175 g/6 uncia/1½ csésze Cheddar sajt, reszelve

Olvasszuk fel a vajat vagy a margarint egy kis tálban High-on 1 percig. Hozzákeverjük a tejet és a tojást. Keverje össze a lisztet, a sütőport, a mustárt, a sót és a 100 g/4 oz/1 csésze sajtot. Keverje hozzá a tejes keveréket, amíg jól el nem keveredik. Egy mikrohullámú sütőformába (serpenyőbe) kanalazzuk, és magas fokozaton 9 percig sütjük. Megszórjuk a maradék sajttal, letakarjuk alufóliával és 20 percig állni hagyjuk.

Mikrohullámú diós cipó

Egy 450 g/1 font súlyú cipót készít

225 g/8 uncia/2 csésze sima (univerzális) liszt

300 g/10 uncia/1¼ csésze porcukor (szuperfinom).

5 ml/1 teáskanál sütőpor

Egy csipet só

100 g/4 oz/½ csésze vaj vagy margarin, lágyítva

150 ml/¼ pt/2/3 csésze tej

2,5 ml/½ teáskanál vanília esszencia (kivonat)

4 tojás fehérje

50 g/2 oz/½ csésze dió, apróra vágva

Keverjük össze a lisztet, a cukrot, a sütőport és a sót. Belekeverjük a vajat vagy a margarint, majd a tejet és a vanília esszenciát. A tojásfehérjét krémesre verjük, majd beleforgatjuk a diót. Egy kivajazott és lisztezett, 450 g-os, mikrohullámú sütőformába (serpenyőbe) kanalazzuk, és 12 percig sütjük magas fokozaton. A sütőből kivéve, fóliával letakarva hagyjuk hűlni 10 percig, majd rácsra szedjük, hogy teljesen kihűljön.

Sütés nélküli Amaretti torta

Egy 20 cm/8-as tortát készít

100 g/4 oz/½ csésze vaj vagy margarin

175 g/6 uncia/1½ csésze sima (félédes) csokoládé

75 g/3 oz Amaretti keksz (sütemény), durvára törve

175 g/6 uncia/1½ csésze dió, apróra vágva

50 g/2 uncia/½ csésze fenyőmag

75 g/3 uncia/1/3 csésze glacé (kandírozott) cseresznye, apróra vágva

30 ml/2 evőkanál Grand Marnier

225 g/8 uncia/1 csésze Mascarpone sajt

Olvasszuk fel a vajat vagy a margarint és a csokoládét egy hőálló tálban, amelyet enyhén forrásban lévő víz fölé állítottunk. Levesszük a tűzről, és belekeverjük a kekszet, a diót és a meggyet. Egy fóliával (műanyag fóliával) bélelt szendvicsformába (serpenyőbe) kanalazzuk, és óvatosan nyomkodjuk le. Hűtsük le 1 órát, amíg meg nem áll. Tegye ki egy tálra, és távolítsa el a fóliát. A Grand Marnier-t beleütjük a Mascarponéba, és rákanalazzuk az alapra.

Amerikai ropogós rizsszeletek

Körülbelül 24 rudat készít

50 g/2 uncia/¼ csésze vaj vagy margarin

225 g/8 uncia fehér mályvacukor

5 ml/1 tk vanília esszencia (kivonat)

150 g/5 uncia/5 csésze puffasztott rizspehely

Olvasszuk fel a vajat vagy a margarint egy nagy serpenyőben, alacsony lángon. Hozzáadjuk a mályvacukrot, és folyamatos kevergetés mellett addig főzzük, amíg a mályvacukor elolvad, és a keverék szirupos nem lesz. Vegyük le a tűzről és adjuk hozzá a vanília esszenciát. Keverje hozzá a rizst, amíg egyenletes bevonat nem lesz. Egy 23 cm/9-es négyzet alakú formába (serpenyőbe) nyomkodjuk, és szeletekre vágjuk. Hagyja beállni.

Sárgabarack négyzetek

12-t tesz ki

50 g/2 uncia/¼ csésze vaj vagy margarin

175 g/6 uncia/1 kis doboz párolt tej

15 ml/1 evőkanál tiszta méz

45 ml/3 evőkanál almalé

50 g/2 uncia/¼ csésze puha barna cukor

50 g/2 uncia/1/3 csésze szultána (arany mazsola)

225 g/8 uncia/11/3 csésze fogyasztásra kész szárított sárgabarack, apróra vágva

100 g/4 oz/1 csésze szárított (aprított) kókuszdió

225 g/8 uncia/2 csésze hengerelt zab

A vajat vagy a margarint felolvasztjuk a tejjel, a mézzel, az almalével és a cukorral. Keverjük hozzá a többi hozzávalót. Kivajazott 25 cm/12-es sütőformába (serpenyőbe) nyomkodjuk, és négyzetekre vágás előtt hűtsük le.

Svájci barackos tekercs torta

Egy 23 cm/9-es tortát készít

400 g/14 oz/1 nagy kajszibarackkonzerv, lecsöpögtetve, levet letartva

50 g/2 oz/½ csésze pudingpor

75 g/3 uncia/¼ csésze sárgabarackzselé (átlátszó konzerv)

75 g/3 oz/½ csésze fogyasztásra kész szárított sárgabarack, apróra vágva

400 g/14 oz/1 nagy doboz sűrített tej

225 g/8 oz/1 csésze túró

45 ml/3 evőkanál citromlé

1 svájci tekercs, szeletelve

Töltsük fel a kajszibaracklevet vízzel, hogy 500 ml/17 fl oz/2¼ csésze legyen. A pudingport egy kevés folyadékkal pépesre keverjük, majd a maradékot felforraljuk. Hozzákeverjük a pudingpasztát és a sárgabarackzselét, és folyamatos keverés mellett sűrűre és fényesre pároljuk. A sárgabarackkonzervet pépesítjük, és az aszalt sárgabarackkal való keverékhez adjuk. Hagyjuk kihűlni, időnként megkeverjük.

A sűrített tejet, a túrót és a citromlevet jól összekeverjük, majd a zselés keverékhez keverjük. Egy 23 cm/9-es tortaformát (tepsit) béleljünk ki fóliával (műanyag fóliával), és helyezzük el a svájci (zselé) tekercsszeleteket a forma alján és oldalain. Kanalazzuk bele a süteménykeveréket, és hűtsük dermedésig. Tálaláskor óvatosan fordítsa ki.

Törött keksz torták

12-t tesz ki

100 g/4 oz/½ csésze vaj vagy margarin

30 ml/2 evőkanál porcukor (szuperfinom).

15 ml/1 evőkanál aranyszínű (világos kukorica) szirup

30 ml/2 evőkanál kakaópor (cukrozatlan csokoládé).

225 g tört keksz (sütemény) morzsa

50 g/2 uncia/1/3 csésze szultána (arany mazsola)

A vajat vagy a margarint a cukorral és a sziruppal felolvasztjuk anélkül, hogy a keveréket felforrnánk. Hozzákeverjük a kakaót, a kekszet és a szultánt. Kikent 25 cm/10-es tepsibe nyomkodjuk, hagyjuk kihűlni, majd hűtsük keményre. Négyzetekre vágjuk.

Sütés nélküli írós sütemény

Egy 23 cm/9-es tortát készít

30 ml/2 evőkanál pudingpor

100 g/4 oz/½ csésze porcukor (szuperfinom).

450 ml/¾ pt/2 csésze tej

175 ml/6 fl oz/¾ csésze író

25 g/1 uncia/2 evőkanál vaj vagy margarin

400 g sima keksz (sütemény), összetörve

120 ml/4 fl oz/½ csésze habtejszín

A pudingport és a cukrot kevés tejjel habosra keverjük. A maradék tejet felforraljuk. Keverje hozzá a masszához, majd tegye vissza az egész keveréket a serpenyőbe, és lassú tűzön keverje körülbelül 5 percig, amíg besűrűsödik. Hozzákeverjük az írót és a vajat vagy a margarint. Egy fóliával (műanyag fóliával) bélelt 23 cm/9-es tortaformába (tepsibe) vagy üvegtálba kanalazzuk az összetört kekszet és a pudingos keveréket. Óvatosan nyomd le és hűtsd le, amíg meg nem áll. A tejszínt kemény habbá verjük, majd a torta tetejére tejszínes rozettákat csípünk. Vagy tálaljuk az edényből, vagy óvatosan emeljük ki a tálaláshoz.

Gesztenyeszelet

Egy 900 g-os cipót készít

225 g/8 uncia/2 csésze sima (félédes) csokoládé

100 g/4 oz/½ csésze vaj vagy margarin, lágyítva

100 g/4 oz/½ csésze porcukor (szuperfinom).

450 g/1 font/1 nagy doboz cukrozatlan gesztenyepüré

25 g/1 uncia/¼ csésze rizsliszt

Néhány csepp vanília esszencia (kivonat)

150 ml/¼ pt/2/3 csésze habtejszín, felvert

Díszítéshez reszelt csokoládé

Olvasszuk fel a sima csokoládét egy hőálló tálban egy serpenyőben, enyhén forrásban lévő víz felett. A vajat vagy a margarint és a cukrot habosra keverjük. Belekeverjük a gesztenyepürét, a csokoládét, a rizslisztet és a vaníliaesszenciát. Zsírozott és kibélelt 900 g-os cipósütőformába (serpenyőbe) tesszük, és keményre hűtjük. Tálalás előtt tejszínhabbal és reszelt csokoládéval díszítjük.

Gesztenyés piskóta

Egy 900 g-os süteményt készít

A tortához:

400 g/14 oz/1 nagy doboz édesített gesztenyepüré

100 g/4 oz/½ csésze vaj vagy margarin, lágyítva

1 tojás

Néhány csepp vanília esszencia (kivonat)

30 ml/2 evőkanál brandy

24 db piskóta keksz (sütemény)

A mázhoz:

30 ml/2 evőkanál kakaópor (cukrozatlan csokoládé).

15 ml/1 evőkanál porcukor (szuperfinom).

30 ml/2 evőkanál víz

A vajas krémhez:

100 g/4 oz/½ csésze vaj vagy margarin, lágyítva

100 g/4 uncia/2/3 csésze porcukor (cukrászipari), szitált

15 ml/1 evőkanál kávéesszencia (kivonat)

A tortához keverjük össze a gesztenyepürét, vajat vagy margarint, tojást, vanília esszenciát és 15 ml/1 evőkanál pálinkát, és verjük simára. Kiolajozunk és kibélelünk egy 900 g-os cipóformát (serpenyőt), az alját és az oldalát pedig a szivacsujjakkal béleljük ki. A maradék pálinkával meglocsoljuk a kekszeket, és a közepébe kanalazzuk a gesztenyés keveréket. Hűtsük keményre.

Emeljük ki a formából, és távolítsuk el a béléspapírt. A máz hozzávalóit egy lábas víz fölé állított hőálló tálban oldjuk fel, keverjük simára. Hagyjuk kicsit hűlni, majd kenjük be a máz nagy részét a torta tetejére. A vajas krém hozzávalóit simára keverjük, majd a torta szélén körbeforgatjuk. A befejezéshez meglocsoljuk a fenntartott mázzal.

Csokoládé és mandulaszeletek

12-t tesz ki

175 g/6 uncia/1½ csésze sima (félédes) csokoládé, apróra vágva

3 tojás, szétválasztva

120 ml/4 fl oz/½ csésze tej

10 ml/2 tk porzselatin

120 ml/4 fl oz/½ csésze dupla (nehéz) tejszín

45 ml/3 evőkanál porcukor (szuperfinom).

60 ml/4 evőkanál pehely mandula, pirítva

Olvasszuk fel a csokoládét egy hőálló edényben, amelyet enyhén forrásban lévő víz fölé állítottak. Levesszük a tűzről, és beleütjük a tojássárgáját. A tejet egy külön serpenyőben felforraljuk, majd beleforgatjuk a zselatint. Keverjük hozzá a csokis keverékhez, majd keverjük hozzá a tejszínt. A tojásfehérjét kemény habbá verjük, majd hozzáadjuk a cukrot, és ismét kemény habbá verjük. Forgasd a keverékbe. Kivajazott és kibélelt 450 g/1 lb-os cipóformába (serpenyőbe) kanalazzuk, megszórjuk a pirított mandulával, hagyjuk kihűlni, majd hűtsük legalább 3 órán keresztül, amíg megszilárdul. Megfordítjuk és vastag szeletekre vágva tálaljuk

Csokoládé ropogós torta

Egy 450 g/1 font súlyú cipót készít

   150 g/5 uncia/2/3 csésze vaj vagy margarin
30 ml/2 evőkanál aranyszínű (világos kukorica) szirup

175 g/6 uncia/1½ csésze emésztést elősegítő keksz (Graham cracker) morzsa

50 g/2 uncia/2 csésze puffasztott rizspehely

25 g/1 uncia/3 evőkanál szultána (arany mazsola)

25 g/1 uncia/2 evőkanál glacé (kandírozott) cseresznye, apróra vágva

225 g/8 uncia/2 csésze csokoládéforgács

30 ml/2 evőkanál víz

175 g/6 uncia/1 csésze porcukor (cukrászipari) szitálva

Felolvasztunk 100 g vajat vagy margarint a sziruppal, majd levesszük a tűzről, és belekeverjük a kekszmorzsát, a gabonát, a szultánt, a cseresznyét és a csokoládédarabkák háromnegyedét. Egy kivajazott és kibélelt 450 g/1 lb-os cipóformába kanalazzuk, és simítsuk el a tetejét. Hűtsük keményre. A maradék vajat vagy margarint felolvasztjuk a maradék csokoládéval és a vízzel. Hozzákeverjük a porcukrot és simára keverjük. A tortát kivesszük a formából, és hosszában félbevágjuk. Szendvicset a csokoládémáz felével (mázzal), tálaló tányérra tesszük, majd ráöntjük a maradék cukormázzal. Tálalás előtt hűtsük le.

Csokoládémorzsa négyzetek

Körülbelül 24-et tesz ki

225 g/8 oz digestive keksz (Graham keksz)

100 g/4 oz/½ csésze vaj vagy margarin

25 g/1 uncia/2 evőkanál porcukor (szuperfinom).

15 ml/1 evőkanál aranyszínű (világos kukorica) szirup

45 ml/3 evőkanál kakaópor (cukrozatlan csokoládé).

200 g/7 oz/1¾ csésze csokoládé tortaborítás

A kekszet műanyag zacskóba tesszük, és sodrófával összetörjük. Olvasszuk fel a vajat vagy a margarint egy serpenyőben, majd keverjük hozzá a cukrot és a szirupot. A tűzről levéve belekeverjük a kekszmorzsát és a kakaót. Kivajazott és kibélelt 18 cm/7-es szögletes tortaformába simítjuk, egyenletesen lenyomkodjuk. Hagyjuk kihűlni, majd tegyük hűtőbe dermedésig.

Olvasszuk fel a csokoládét egy hőálló edényben, amelyet enyhén forrásban lévő víz fölé állítottak. Rákenjük a kekszre, villával vonalakká jelöljük, miközben dermesztjük. Ha kemény, négyzetekre vágjuk.

Csokoládé hűtőtorta

Egy 450 g/1 font súlyú tortát készít

100 g/4 uncia/½ csésze puha barna cukor

100 g/4 oz/½ csésze vaj vagy margarin

50 g/2 uncia/½ csésze ivócsokoládépor

25 g/1 uncia/¼ csésze kakaópor (cukrozatlan csokoládé).

30 ml/2 evőkanál aranyszínű (világos kukorica) szirup

150 g/5 uncia emésztést elősegítő keksz (Graham keksz) vagy gazdag tea keksz

50 g glacé (kandírozott) cseresznye vagy vegyes dió és mazsola

100 g/4 oz/1 csésze tejcsokoládé

A cukrot, a vajat vagy a margarint, az ivócsokoládét, a kakaót és a szirupot egy serpenyőbe tesszük és óvatosan melegítjük, amíg a vaj elolvad, jól keverjük. Levesszük a tűzről, és belemorzsoljuk a kekszet. Keverje hozzá a cseresznyét vagy a diót és a mazsolát, és kanalazza egy 450 g/1 lb súlyú kenyérformába (serpenyőbe). Hűtőben hagyjuk kihűlni.

Olvasszuk fel a csokoládét egy hőálló tálban, enyhén forrásban lévő víz fölött. A kihűlt sütemény tetejére kenjük, ha megszilárdult, szeleteljük.

Csokoládé és gyümölcstorta

Egy 18 cm/7-es tortát készít

100 g/4 oz/½ csésze vaj vagy margarin, olvasztott

100 g/4 uncia/½ csésze puha barna cukor

225 g/8 uncia/2 csésze emésztést elősegítő keksz (Graham cracker) morzsa

50 g/2 uncia/1/3 csésze szultána (arany mazsola)

45 ml/3 evőkanál kakaópor (cukrozatlan csokoládé).

1 tojás, felvert

Néhány csepp vanília esszencia (kivonat)

A vajat vagy a margarint és a cukrot összekeverjük, majd a többi hozzávalóval is jól kikeverjük. Kivajazott, 18 cm/7-es szendvicsformába (serpenyőbe) kanalazzuk, és a felületét elsimítjuk. Hűtsük le, amíg meg nem áll.

Csokoládé és gyömbér négyzetek

24-es lesz

100 g/4 oz/½ csésze vaj vagy margarin

100 g/4 uncia/½ csésze puha barna cukor

30 ml/2 evőkanál kakaópor (cukrozatlan csokoládé).

1 tojás, enyhén felverve

225 g gyömbéres keksz (sütemény) morzsa

15 ml/1 evőkanál apróra vágott kristályos (kandírozott) gyömbér

Olvasszuk fel a vajat vagy a margarint, majd keverjük hozzá a cukrot és a kakaót, amíg jól el nem keveredik. Hozzákeverjük a tojást, a kekszmorzsát és a gyömbért. Nyomjuk bele egy svájci tekercsformába (zselétekercs) és hűtsük keményre. Négyzetekre vágjuk.

Luxus csokoládé és gyömbér négyzetek

24-es lesz

100 g/4 oz/½ csésze vaj vagy margarin

100 g/4 uncia/½ csésze puha barna cukor

30 ml/2 evőkanál kakaópor (cukrozatlan csokoládé).

1 tojás, enyhén felverve

225 g gyömbéres keksz (sütemény) morzsa

15 ml/1 evőkanál apróra vágott kristályos (kandírozott) gyömbér

100 g/4 oz/1 csésze sima (félédes) csokoládé

Olvasszuk fel a vajat vagy a margarint, majd keverjük hozzá a cukrot és a kakaót, amíg jól el nem keveredik. Hozzákeverjük a tojást, a kekszmorzsát és a gyömbért. Nyomjuk bele egy svájci tekercsformába (zselétekercs) és hűtsük keményre.

> Olvasszuk fel a csokoládét egy hőálló edényben, amelyet enyhén forrásban lévő víz fölé állítottak. Rákenjük a tortára és hagyjuk dermedni. Négyzetekre vágjuk, amikor a csokoládé már majdnem kemény.

Mézes csokis kekszek

12-t tesz ki

225 g/8 uncia/1 csésze vaj vagy margarin

30 ml/2 evőkanál tiszta méz

90 ml/6 evőkanál szentjánoskenyér- vagy kakaópor (cukrozatlan csokoládé).

225 g/8 uncia/2 csésze édes keksz (sütemény) morzsa

Olvasszuk fel a vajat vagy a margarint, a mézet és a szentjánoskenyér- vagy kakaóport egy serpenyőben, amíg jól el nem keveredik. Belekeverjük a kekszmorzsát. Kivajazott 20 cm/8-as szögletes tortaformába (tepsibe) kanalazzuk, hagyjuk kihűlni, majd négyzetekre vágjuk.

Csokoládérétegű torta

Egy 450 g/1 font súlyú tortát készít

300 ml/½ pt/1¼ csésze dupla (nehéz) tejszín

225 g/8 uncia/2 csésze sima (félédes) csokoládé, törve

5 ml/1 tk vanília esszencia (kivonat)

20 sima keksz (sütemény)

A tejszínt egy serpenyőben, kis lángon majdnem forrásig melegítjük. A tűzről leréve hozzáadjuk a csokoládét, összekeverjük, lefedjük és 5 percig állni hagyjuk. Keverjük hozzá a vanília esszenciát, és addig keverjük, amíg jól el nem keveredik, majd hűtsük le, amíg a keverék sűrűsödni kezd.

Béleljen ki egy 450 g-os cipóformát (serpenyőt) fóliával (műanyag fóliával). Az alját megkenjük egy réteg csokoládéval, majd a tetejére egy rétegben elhelyezünk néhány kekszet. Folytassa a csokoládé és a keksz rétegezését, amíg el nem fogy. Egy réteg csokoládéval fejezzük be. Fóliával letakarjuk és legalább 3 órára hűtjük. Fordítsa ki a tortát, és távolítsa el a fóliát.

Finom csokoládészeletek

12-t tesz ki

100 g/4 oz/½ csésze vaj vagy margarin

30 ml/2 evőkanál aranyszínű (világos kukorica) szirup

30 ml/2 evőkanál kakaópor (cukrozatlan csokoládé).

225 g/8 uncia/1 csomag Szép vagy sima keksz (sütemény), durván összetörve

100 g/4 oz/1 csésze sima (félédes) csokoládé, kockára vágva

A vajat vagy a margarint és a szirupot felolvasztjuk, majd a tűzről levéve belekeverjük a kakaót és az összetört kekszet. A keveréket egy 23 cm/9-es négyzet alakú tortaformába (tepsibe) terítjük, a felületet elsimítjuk. Olvasszuk fel a csokoládét egy hőálló tálban, enyhén forrásban lévő víz felett, és kenjük a tetejére. Hagyja kissé kihűlni, majd vágja kockákra vagy négyzetekre, és hűtse le, amíg meg nem áll.

Csokoládé praliné négyzetek

12-t tesz ki

100 g/4 oz/½ csésze vaj vagy margarin

30 ml/2 evőkanál porcukor (szuperfinom).

15 ml/1 evőkanál aranyszínű (világos kukorica) szirup

15 ml/1 evőkanál ivócsokoládépor

225 g/8 uncia emésztést elősegítő keksz (Graham keksz), zúzott

200 g/7 uncia/1¾ csésze sima (félédes) csokoládé

100 g/4 oz/1 csésze apróra vágott vegyes dió

Egy serpenyőben olvasszuk fel a vajat vagy a margarint, a cukrot, a szirupot és az ivócsokoládét. Forraljuk fel, majd forraljuk 40 másodpercig. Levesszük a tűzről, és belekeverjük a kekszet és a diót. Kivajazott, 28 x 18 cm-es/11 x 7-es tortaformába (tepsibe) nyomkodjuk. Olvasszuk fel a csokoládét egy hőálló tálban, enyhén forrásban lévő víz fölött. Kenjük rá a kekszre, és hagyjuk kihűlni, majd 2 órán át hűtsük, mielőtt négyzetekre vágnánk.

Kókuszos ropogós

12-t tesz ki

100 g/4 oz/1 csésze sima (félédes) csokoládé

30 ml/2 evőkanál tej

30 ml/2 evőkanál aranyszínű (világos kukorica) szirup

100 g/4 uncia/4 csésze puffasztott rizspehely

50 g/2 oz/½ csésze szárított (aprított) kókuszdió

Egy serpenyőben felolvasztjuk a csokoládét, a tejet és a szirupot. Vegyük le a tűzről, és keverjük hozzá a gabonát és a kókuszt. Papír tortalapokba kanalazzuk (cupcake papírok), és hagyjuk dermedni.

Crunch Bars

12-t tesz ki

175 g/6 uncia/¾ csésze vaj vagy margarin

50 g/2 uncia/¼ csésze puha barna cukor

30 ml/2 evőkanál aranyszínű (világos kukorica) szirup

45 ml/3 evőkanál kakaópor (cukrozatlan csokoládé).

75 g mazsola vagy szultán (arany mazsola)

350 g/12 uncia/3 csésze zab roppanós gabonapehely

225 g/8 uncia/2 csésze sima (félédes) csokoládé

A vajat vagy a margarint felolvasztjuk a cukorral, a sziruppal és a kakaóval. Keverje hozzá a mazsolát vagy a szultánt és a gabonát. A masszát kivajazott 25 cm/12-es sütőformába (tepsibe) nyomkodjuk. Olvasszuk fel a csokoládét egy hőálló tálban, enyhén forrásban lévő víz fölött. Kenjük rá a rudakat és hagyjuk kihűlni, majd hűtsük le, mielőtt szeletekre vágnánk.

Kókuszos és mazsolás ropogós

12-t tesz ki

100 g/4 oz/1 csésze fehér csokoládé

30 ml/2 evőkanál tej

30 ml/2 evőkanál aranyszínű (világos kukorica) szirup

175 g/6 uncia/6 csésze puffasztott rizspehely

50 g/2 uncia/1/3 csésze mazsola

Egy serpenyőben felolvasztjuk a csokoládét, a tejet és a szirupot. Vegyük le a tűzről, és keverjük hozzá a gabonát és a mazsolát. Papír tortalapokba kanalazzuk (cupcake papírok), és hagyjuk dermedni.

Kávé tej négyzetek

20-at tesz ki

25 g / 1 uncia / 2 evőkanál porított zselatin

75 ml/5 evőkanál hideg víz

225 g sima keksz (sütemény) morzsa

50 g/2 oz/¼ csésze vaj vagy margarin, olvasztott

400 g/14 oz/1 nagy doboz párolt tej

150 g/5 oz/2/3 csésze porcukor (szuperfinom).

400 ml/14 fl oz/1¾ csésze erős feketekávé, jéghideg

Tejszínhab és kristályos (kandírozott) narancsszeletek a díszítéshez

A zselatint egy tálba szórjuk a vízre, és hagyjuk szivacsosra. Állítsa a tálat egy serpenyőben forró vízbe, és hagyja, amíg fel nem oldódik. Hagyjuk kicsit hűlni. Az olvasztott vajhoz keverjük a kekszmorzsát, majd egy kivajazott, 30 x 20 cm/12 x 8-as téglalap alakú tortaforma (tepsi) aljába és oldalaiba nyomkodjuk. A kipárolgott tejet verjük sűrűre, majd fokozatosan keverjük hozzá a cukrot, majd a feloldott zselatint és a kávét. Rákanalazzuk az alapra, és dermedésig hűtjük. Négyzetekre vágjuk, és tejszínhabbal és kristályos (kandírozott) narancsszeletekkel díszítjük.

Sütés nélküli gyümölcstorta

Egy 23 cm/9-es tortát készít

450 g/1 font/22/3 csésze szárított vegyes gyümölcs (gyümölcstorta keverék)

450 g sima keksz (sütemény), összetörve

100 g/4 oz/½ csésze vaj vagy margarin, olvasztott

100 g/4 uncia/½ csésze puha barna cukor

400 g/14 oz/1 nagy doboz sűrített tej

5 ml/1 tk vanília esszencia (kivonat)

Keverje össze az összes összetevőt, amíg jól el nem keveredik. Kivajazott, 23 cm/9-es, fóliával (műanyag fóliával) bélelt tortaformába (tepsibe) kanalazzuk és lenyomkodjuk. Hűtsük keményre.

Gyümölcsös négyzetek

Körülbelül 12-t tesz ki

100 g/4 oz/½ csésze vaj vagy margarin

100 g/4 uncia/½ csésze puha barna cukor

400 g/14 oz/1 nagy doboz sűrített tej

5 ml/1 tk vanília esszencia (kivonat)

250 g/9 uncia/1½ csésze szárított vegyes gyümölcs (gyümölcstorta keverék)

100 g/4 oz/½ csésze glacé (kandírozott) cseresznye

50 g/2 oz/½ csésze apróra vágott vegyes dió

400 g sima keksz (sütemény), összetörve

Lassú tűzön olvasszuk fel a vajat vagy a margarint és a cukrot. Hozzákeverjük a sűrített tejet és a vanília esszenciát, majd levesszük a tűzről. Keverjük hozzá a többi hozzávalót. Zsírozott svájci tekercsformába (zselés tekercsformába) nyomkodjuk, és 24 órán át hűtjük, amíg meg nem szilárdul. Négyzetekre vágjuk.

Gyümölcs és rost reccsenések

12-t tesz ki

100 g/4 oz/1 csésze sima (félédes) csokoládé

50 g/2 uncia/¼ csésze vaj vagy margarin

15 ml/1 evőkanál aranyszínű (világos kukorica) szirup

100 g/4 oz/1 csésze gyümölcs- és rostpehely

Olvasszuk fel a csokoládét egy hőálló tálban, enyhén forrásban lévő víz fölött. Belekeverjük a vajat vagy a margarint és a szirupot. Keverje hozzá a gabonát. Papír tortalapokba (cukorpapírok) kanalazzuk, és hagyjuk kihűlni és megdermedni.

Nugát réteg torta

Egy 900 g-os süteményt készít

15 g/½ oz/1 evőkanál porított zselatin

100 ml/3½ fl oz/6½ evőkanál víz

1 csomag apró szivacs

225 g/8 oz/1 csésze vaj vagy margarin, lágyítva

50 g/2 uncia/¼ csésze porcukor (szuperfinom).

400 g/14 oz/1 nagy doboz sűrített tej

5 ml/1 teáskanál citromlé

5 ml/1 tk vanília esszencia (kivonat)

5 ml/1 tk tejszín tartár

100 g/4 oz/2/3 csésze szárított vegyes gyümölcs (gyümölcstorta keverék), apróra vágva

A zselatint egy kis tálkában a vízre szórjuk, majd a tálat forró vízbe tesszük, amíg a zselatin átlátszó nem lesz. Kissé hűtsük le. Béleljünk ki egy 900 g-os cipóformát (serpenyőt) alufóliával úgy, hogy a fólia fedje a forma tetejét, majd helyezze el az apró szivacsok felét az alapon. A vajat vagy a margarint és a cukrot keverjük krémesre, majd keverjük hozzá a többi hozzávalót. Kanalazzuk a formába, és a tetejére rendezzük a maradék apró szivacsokat. Fóliával letakarjuk, a tetejére súlyzót teszünk. Hűtsük keményre.

Tej és szerecsendió négyzetek

20-at tesz ki

Az alaphoz:

225 g sima keksz (sütemény) morzsa

30 ml/2 evőkanál puha barna cukor

2,5 ml/½ teáskanál reszelt szerecsendió

100 g/4 oz/½ csésze vaj vagy margarin, olvasztott

A töltelékhez:

1,2 liter/2 pont/5 csésze tej

25 g/1 uncia/2 evőkanál vaj vagy margarin

2 tojás, szétválasztva

225 g/8 oz/1 csésze porcukor (szuperfinom).

100 g/4 oz/1 csésze kukoricaliszt (kukoricakeményítő)

50 g/2 uncia/½ csésze sima (univerzális) liszt

5 ml/1 teáskanál sütőpor

Egy csipet reszelt szerecsendió

Reszelt szerecsendió a szóráshoz

Az alap elkészítéséhez az olvasztott vajhoz vagy margarinhoz keverjük a kekszmorzsát, a cukrot és a szerecsendiót, majd egy kivajazott, 30 x 20 cm-es/12 x 8-as tortaforma (tepsi) aljába nyomkodjuk.

A töltelék elkészítéséhez forraljunk fel 1 liter/1¾ pt/4¼ csésze tejet egy nagy serpenyőben. Adjuk hozzá a vajat vagy a margarint. A tojássárgáját habosra keverjük a maradék tejjel. Hozzákeverjük a cukrot, a kukoricalisztet, a lisztet, a sütőport és a szerecsendiót. A forrásban lévő tejből egy keveset a tojássárgás keverékhez keverünk, amíg pépes nem lesz, majd a pépet a forrásban lévő tejhez keverjük, lassú tűzön néhány percig folyamatosan keverjük, amíg besűrűsödik. Levesszük a tűzről. A tojásfehérjét kemény habbá verjük, majd a masszához forgatjuk. Rákanalazzuk az alapra, és bőségesen megszórjuk szerecsendióval. Hagyjuk kihűlni, majd hűtsük le és tálalás előtt vágjuk négyzetekre.

Müzli Crunch

Körülbelül 16 négyzetet alkot

400 g/14 uncia/3½ csésze sima (félédes) csokoládé

45 ml/3 evőkanál aranyszínű (világos kukorica) szirup

25 g/1 uncia/2 evőkanál vaj vagy margarin

Körülbelül 225 g/8 uncia/2/3 csésze müzli

Felolvasztjuk a csokoládé felét, a szirupot és a vajat vagy margarint. Fokozatosan keverj hozzá annyi müzlit, hogy kemény keveréket kapj. Kiolajozott svájci tekercsformába (zselétekercses tepsibe) nyomkodjuk. A maradék csokoládét felolvasztjuk és a tetejére simítjuk. Hűtőbe tesszük, mielőtt kockákra vágnánk.

Orange Mousse négyzetek

20-at tesz ki

25 g / 1 uncia / 2 evőkanál porított zselatin

75 ml/5 evőkanál hideg víz

225 g sima keksz (sütemény) morzsa

50 g/2 oz/¼ csésze vaj vagy margarin, olvasztott

400 g/14 oz/1 nagy doboz párolt tej

150 g/5 oz/2/3 csésze porcukor (szuperfinom).

400 ml/14 fl uncia/1¾ csésze narancslé

Tejszínhabbal és csokis édességekkel díszíteni

A zselatint egy tálba szórjuk a vízre, és hagyjuk szivacsosra. Állítsa a tálat egy serpenyőben forró vízbe, és hagyja, amíg fel nem oldódik. Hagyjuk kicsit hűlni. A kekszmorzsát az olvasztott vajba keverjük, és egy kiolajozott, 30 x 20 cm/12 x 8-as lapos tortaforma (tepsi) aljára és oldalaira nyomkodjuk. A tejet kemény habbá verjük, majd fokozatosan hozzáadjuk a cukrot, majd a feloldott zselatint és a narancslevet. Rákanalazzuk az alapra, és dermedésig hűtjük. Négyzetekre vágjuk, és tejszínhabbal és csokis édességekkel díszítjük.

Mogyoró négyzetek

18-at tesz ki

225 g sima keksz (sütemény) morzsa

100 g/4 oz/½ csésze vaj vagy margarin, olvasztott

225 g/8 uncia/1 csésze ropogós mogyoróvaj

25 g/1 uncia/2 evőkanál glacé (kandírozott) cseresznye

25 g/1 uncia/3 evőkanál ribizli

Keverje össze az összes összetevőt, amíg jól el nem keveredik. Kivajazott 25 cm/12-es tepsibe nyomkodjuk, és keményre hűtjük, majd négyzetekre vágjuk.

Borsmentás karamell torták

16-os lesz

400 g/14 oz/1 nagy doboz sűrített tej

600 ml/1 pt/2½ csésze tej

30 ml/2 evőkanál pudingpor

225 g/8 uncia/2 csésze emésztést elősegítő keksz (Graham cracker) morzsa

100 g/4 oz/1 csésze borsmentás csokoládé, darabokra törve

Helyezze a bontatlan sűrített tejes dobozt egy edénybe, amely annyi vízzel van megtöltve, hogy ellepje a dobozt. Forraljuk fel, fedjük le és pároljuk 3 órán át, szükség szerint öntsük fel forrásban lévő vízzel. Hagyja kihűlni, majd nyissa ki a dobozt és vegye ki a karamellből.

Melegíts fel 500 ml/2¼ csésze tejet a karamellel, forrald fel, és keverd össze, amíg el nem olvad. A pudingport a maradék tejjel pépesre keverjük, majd a serpenyőbe keverjük, és folyamatos kevergetés mellett tovább pároljuk, amíg besűrűsödik. Egy kivajazott 20 cm/8-as, négyzet alakú tortaforma (tepsi) aljára szórjuk a kekszmorzsa felét, majd rákanalazzuk a karamell puding felét, és megszórjuk a csokoládé felével. Ismételje meg a rétegezést, majd hagyja kihűlni. Lehűtjük, majd szeletekre vágva tálaljuk.

Rizs sütik

24-es lesz

175 g/6 uncia/½ csésze tiszta méz

225 g/8 oz/1 csésze kristálycukor

60 ml/4 evőkanál víz

350 g/12 uncia/1 doboz puffasztott rizspehely

100 g/4 oz/1 csésze pörkölt földimogyoró

Olvasszuk fel a mézet, a cukrot és a vizet egy nagy serpenyőben, majd hagyjuk hűlni 5 percig. Keverje hozzá a gabonát és a földimogyorót. Golyókká formázzuk, papír tortaládákba (cupcake papírok) tesszük, és hagyjuk kihűlni és megdermedni.

Rizs és csokoládé toffette

225 g/8 uncia

50 g/2 uncia/¼ csésze vaj vagy margarin

30 ml/2 evőkanál aranyszínű (világos kukorica) szirup

30 ml/2 evőkanál kakaópor (cukrozatlan csokoládé).

60 ml/4 evőkanál porcukor (szuperfinom).

50 g/2 uncia/½ csésze őrölt rizs

A vajat és a szirupot felolvasztjuk. Keverje hozzá a kakaót és a cukrot, amíg fel nem oldódik, majd keverje hozzá az őrölt rizst. Óvatosan felforraljuk, csökkentjük a lángot, és folyamatos keverés mellett 5 percig lassú tűzön főzzük. Kivajazott és kibélelt 20 cm/8-as négyzet alakú formába (serpenyőbe) kanalazzuk, és hagyjuk kissé kihűlni. Négyzetekre vágjuk, majd hagyjuk teljesen kihűlni, mielőtt kivesszük a formából.

Mandula paszta

Egy 23 cm/9-es torta tetejét és oldalát fedi be

225 g/8 uncia/2 csésze őrölt mandula

225 g/8 uncia/11/3 csésze porcukor (cukrászipari), szitált

225 g/8 oz/1 csésze porcukor (szuperfinom).

2 tojás, enyhén felverve

10 ml/2 teáskanál citromlé

Néhány csepp mandula esszencia (kivonat)

A mandulát és a cukrot habosra keverjük. Fokozatosan keverje hozzá a többi hozzávalót, amíg sima masszát nem kap. Csomagolja fóliába (műanyag fóliába), és használat előtt hűtse le.

Cukormentes mandula paszta

Egy 15 cm/6-os torta tetejét és oldalát fedi be

100 g/4 oz/1 csésze őrölt mandula

50 g/2 uncia/½ csésze fruktóz

25 g/1 uncia/¼ csésze kukoricaliszt (kukoricakeményítő)

1 tojás, enyhén felverve

Keverje össze az összes hozzávalót, amíg sima masszát nem kap. Csomagolja fóliába (műanyag fóliába), és felhasználás előtt hűtse le.

Royal Icing

Egy 20 cm/8-as torta tetejét és oldalát fedi be

5 ml/1 teáskanál citromlé

2 tojásfehérje

450 g/1 font/22/3 csésze porcukor (cukrásziapri) szitált

5 ml/1 teáskanál glicerin (opcionális)

Keverjük össze a citromlevet és a tojásfehérjét, majd fokozatosan keverjük hozzá a porcukrot, amíg a cukormáz sima és fehér lesz, és bevonja a kanál hátát. Néhány csepp glicerin megakadályozza, hogy a jegesedés túlságosan törékennyé váljon. Fedjük le egy nedves ruhával, és hagyjuk állni 20 percig, hogy a légbuborékok a felszínre emelkedjenek.

Az ilyen állagú cukormázt a süteményre öntjük, és forró vízbe mártott késsel elsimítjuk. A csípéshez keverjünk hozzá extra porcukrot, hogy a cukormáz elég kemény legyen ahhoz, hogy csúcsokat álljon.

Cukormentes cukormáz

Elegendő egy 15 cm/6-os torta befedéséhez

50 g/2 uncia/½ csésze fruktóz

Egy csipet só

1 tojás fehérje

2,5 ml/½ teáskanál citromlé

A fruktózport aprítógépben addig dolgozzuk, amíg olyan finom lesz, mint a porcukor. Belekeverjük a sót. Tedd egy hőálló tálba, és keverd hozzá a tojásfehérjét és a citromlevet. Helyezze az edényt egy enyhén forrásban lévő víz fölé, és folytassa a habverést, amíg kemény csúcsok képződnek. Levesszük a tűzről, és kihűlésig keverjük.

Fondant Icing

Elegendő egy 20 cm-es torta befedéséhez

450 g/1 font/2 csésze porcukor (szuperfinom) vagy darabos cukor

150 ml/¼ pt/2/3 csésze víz

15 ml/1 evőkanál folyékony glükóz vagy 2,5 ml/½ teáskanál fogkőtejszín

Oldja fel a cukrot a vízben egy nagy, sűrű edényben, lassú tűzön. Törölje le a serpenyő oldalát hideg vízbe mártott kefével, hogy megakadályozza a kristályok képződését. Kevés vízben feloldjuk a tartárkrémet, majd beleforgatjuk a serpenyőbe. Forraljuk fel, és forraljuk folyamatosan 115 °C-ra, amikor egy csepp jegesedés puha golyót képez, amikor hideg vízbe ejti. Lassan öntsük a szirupot egy hőálló tálba, és hagyjuk addig, amíg bőrösödik. A jeget fakanállal addig verjük, amíg átlátszatlan és szilárd nem lesz. Simára gyúrjuk. Használat előtt egy hőálló tálban melegítsük fel forró víz felett, hogy megpuhuljon, ha szükséges.

Vajas jegesedés

Elegendő egy 20 cm-es torta kitöltéséhez és befedéséhez

100 g/4 oz/½ csésze vaj vagy margarin, lágyítva

225 g/8 oz/1 1/3 csésze porcukor (cukrászipari) szitált

30 ml/2 evőkanál tej

A vajat vagy a margarint puhára verjük. Fokozatosan keverjük hozzá a porcukrot és a tejet, amíg jól el nem keveredik.

Csokoládé vajas cukormáz

Elegendő egy 20 cm-es torta kitöltéséhez és befedéséhez

30 ml/2 evőkanál kakaópor (cukrozatlan csokoládé).

15 ml/1 evőkanál forrásban lévő víz

100 g/4 oz/½ csésze vaj vagy margarin, lágyítva

225 g/8 uncia/11/3 csésze porcukor (cukrászipari), szitált

15 ml/1 evőkanál tej

A kakaót pépesre keverjük a forrásban lévő vízzel, majd hagyjuk kihűlni. A vajat vagy a margarint puhára verjük. Fokozatosan keverjük hozzá a porcukrot, a tejet és a kakaót, amíg jól el nem keveredik.

Fehér csokoládé vajas cukormáz

Elegendő egy 20 cm-es torta kitöltéséhez és befedéséhez

100 g/4 oz/1 csésze fehér csokoládé

100 g/4 oz/½ csésze vaj vagy margarin, lágyítva

225 g/8 uncia/11/3 csésze porcukor (cukrászipari), szitált

15 ml/1 evőkanál tej

Olvasszuk fel a csokoládét egy hőálló tálban, amelyet enyhén forrásban lévő víz fölé állítottak, majd hagyjuk kissé kihűlni. A vajat vagy a margarint puhára verjük. Fokozatosan keverjük hozzá a porcukrot, a tejet és a csokoládét, amíg jól el nem keveredik.

Kávévajas jegesedés

Elegendő egy 20 cm-es torta kitöltéséhez és befedéséhez

100 g/4 oz/½ csésze vaj vagy margarin, lágyítva

225 g/8 oz/11/3 csésze porcukor (cukrászipari) szitált

15 ml/1 evőkanál tej

15 ml/1 evőkanál kávéesszencia (kivonat)

A vajat vagy a margarint puhára verjük. Fokozatosan keverje hozzá a porcukrot, a tejet és a kávéesszenciát, amíg jól el nem keveredik.

Citromos vajas jegesedés

Elegendő egy 20 cm-es torta kitöltéséhez és befedéséhez

100 g/4 oz/½ csésze vaj vagy margarin, lágyítva

225 g/8 oz/11/3 csésze porcukor (cukrászipari) szitált

30 ml/2 evőkanál citromlé

1 citrom reszelt héja

A vajat vagy a margarint puhára verjük. Fokozatosan keverjük hozzá a porcukrot, a citromlevet és a héjat, amíg jól el nem keveredik.

Narancssárga vajas jegesedés

Elegendő egy 20 cm-es torta kitöltéséhez és befedéséhez

100 g/4 oz/½ csésze vaj vagy margarin, lágyítva

225 g/8 oz/11/3 csésze porcukor (cukrászipari) szitált

30 ml/2 evőkanál narancslé

1 narancs reszelt héja

A vajat vagy a margarint puhára verjük. Fokozatosan keverjük hozzá a porcukrot, a narancslevet és a héjat, amíg jól el nem keveredik.

Krémsajtos cukormáz

Elegendő egy 25 cm-es torta befedéséhez

75 g/3 uncia/1/3 csésze krémsajt

30 ml/2 evőkanál vaj vagy margarin

350 g (12 oz/2 csésze) porcukor, szitálva

5 ml/1 tk vanília esszencia (kivonat)

A sajtot és a vajat vagy margarint habosra keverjük. Fokozatosan keverjük hozzá a porcukrot és a vanília esszenciát, amíg sima, krémes habot nem kapunk.

Narancssárga jegesedés

Elegendő egy 25 cm-es torta befedéséhez

250 g/9 uncia/1½ csésze porcukor (cukrásziparí), szitált

30 ml/2 evőkanál vaj vagy margarin, lágyítva

Néhány csepp mandula esszencia (kivonat)

60 ml/4 evőkanál narancslé

Tegyük a porcukrot egy tálba, és keverjük össze a vajat vagy a margarint és a mandula eszenciát. Fokozatosan hozzákeverjük annyi narancslét, hogy kemény habot kapjunk.

Narancslikőr jegesedés

Elegendő egy 20 cm-es torta befedéséhez

100 g/4 oz/½ csésze vaj vagy margarin, lágyítva

450 g/1 font/22/3 csésze porcukor (cukrásziparí) szitált

60 ml/4 evőkanál narancslikőr

15 ml/1 evőkanál reszelt narancshéj

A vajat vagy a margarint és a cukrot habosra keverjük. Keverjünk bele annyi narancslikőrt, hogy kenhető állagot kapjunk, majd keverjük bele a narancshéjat.

Glacé Icing

Elegendő egy 20 cm-es torta befedéséhez

100 g/4 uncia/2/3 csésze porcukor (cukrászipari), szitált

25-30 ml/1½-2 evőkanál víz

Néhány csepp ételfesték (elhagyható)

Tegyük a cukrot egy tálba, és apránként keverjük hozzá a vizet, amíg a cukormáz sima nem lesz. Ízlés szerint néhány csepp ételfestékkel színezzük. A cukormáz átlátszatlan lesz, ha hideg süteményekre kenjük, vagy átlátszóvá válik, ha meleg süteményekre kenjük.

Coffee Glacé Icing

Elegendő egy 20 cm-es torta befedéséhez

100 g/4 uncia/2/3 csésze porcukor (cukrászipari), szitált

25–30 ml/1½–2 evőkanál nagyon erős feketekávé

Tegyük a cukrot egy tálba, és apránként keverjük hozzá a kávét, amíg a cukormáz sima nem lesz.

Lemon Glacé Icing

Elegendő egy 20 cm-es torta befedéséhez

100 g/4 uncia/2/3 csésze porcukor (cukrászipari), szitált

25-30 ml/1½-2 evőkanál citromlé

1 citrom finomra reszelt héja

A cukrot egy tálba tesszük, és apránként hozzákeverjük a citromlevet és a héját, amíg a cukormáz sima nem lesz.

Orange Glacé Icing

Elegendő egy 20 cm-es torta befedéséhez

100 g/4 uncia/2/3 csésze porcukor (cukrászipari), szitált

25-30 ml/1½-2 evőkanál narancslé

1 narancs finomra reszelt héja

A cukrot egy tálba tesszük, és apránként hozzákeverjük a narancslevet és a héjat, amíg a cukormáz sima nem lesz.

Rum Glacé Icing

Elegendő egy 20 cm-es torta befedéséhez

100 g/4 uncia/2/3 csésze porcukor (cukrászipari), szitált

25-30 ml/1½-2 evőkanál rum

Tegyük a cukrot egy tálba, és apránként keverjük hozzá a rumot, amíg a cukormáz sima nem lesz.

Vanilla Glacé Icing

Elegendő egy 20 cm-es torta befedéséhez

100 g/4 uncia/2/3 csésze porcukor (cukrászipari), szitált

25 ml/1½ evőkanál víz

Néhány csepp vanília esszencia (kivonat)

Tegyük a cukrot egy tálba, és apránként keverjük hozzá a vizet és a vanília esszenciát, amíg a cukormáz sima nem lesz.

Főtt csokoládé cukormáz

Elegendő egy 23 cm-es torta befedéséhez

275 g/10 uncia/1¼ csésze porcukor (szuperfinom).

100 g/4 oz/1 csésze sima (félédes) csokoládé

50 g/2 oz/¼ csésze kakaópor (cukrozatlan csokoládé).

120 ml/4 fl uncia/½ csésze víz

Az összes hozzávalót felforraljuk, addig keverjük, amíg jól el nem keveredik. Közepes lángon 108°C/220°F hőmérsékletre főzzük, vagy ha hosszú szál képződik két teáskanál közé húzva. Öntsük egy széles tálba, és verjük sűrűre és fényesre.

Csokis-kókuszos öntet

Elegendő egy 23 cm-es torta befedéséhez

175 g/6 uncia/1½ csésze sima (félédes) csokoládé

90 ml/6 evőkanál forrásban lévő víz

225 g/8 uncia/2 csésze szárított (aprított) kókuszdió

A csokoládét és a vizet turmixgépben vagy robotgépben pürésítjük, majd hozzáadjuk a kókuszt, és simára dolgozzuk. Még melegen a sima süteményekre szórjuk.

Fudge Topping

Elegendő egy 23 cm-es torta befedéséhez

50 g/2 uncia/¼ csésze vaj vagy margarin

45 ml/3 evőkanál kakaópor (cukrozatlan csokoládé).

60 ml/4 evőkanál tej

425 g/15 uncia/2½ csésze porcukor (cukrászipari) szitált

5 ml/1 tk vanília esszencia (kivonat)

Egy kis serpenyőben olvasszuk fel a vajat vagy a margarint, majd keverjük hozzá a kakaót és a tejet. Folyamatos kevergetés mellett felforraljuk, majd levesszük a tűzről. Fokozatosan keverjük hozzá a cukrot és a vanília esszenciát, és keverjük simára.

Édes krémsajt öntet

Elegendő egy 30 cm-es torta befedéséhez

100 g/4 uncia/½ csésze krémsajt

25 g/1 uncia/2 evőkanál vaj vagy margarin, lágyítva

350 g (12 oz/2 csésze) porcukor, szitálva

5 ml/1 tk vanília esszencia (kivonat)

30 ml/2 evőkanál tiszta méz (opcionális)

A krémsajtot és a vajat vagy margarint enyhén és habosra keverjük. Fokozatosan simára keverjük a cukrot és a vaníliaesszenciát. Ízlés szerint egy kis mézzel édesítjük.

Amerikai Velvet Frosting

Elegendő két 23 cm/9-es torta beborításához

175 g/6 uncia/1½ csésze sima (félédes) csokoládé

120 ml/4 fl oz/½ csésze savanyú (tejfölös) tejszín

5 ml/1 tk vanília esszencia (kivonat)

Egy csipet só

400 g/14 uncia/21/3 csésze porcukor (cukrászipari), szitált

Olvasszuk fel a csokoládét egy hőálló tálban, enyhén forrásban lévő víz fölött. Levesszük a tűzről, és belekeverjük a tejszínt, a vanília esszenciát és a sót. A cukrot fokozatosan simára keverjük.

Vajmáz

Elegendő egy 23 cm-es torta befedéséhez

50 g/2 oz/¼ csésze vaj vagy margarin, lágyítva

250 g/9 uncia/1½ csésze porcukor (cukrászipari), szitált

5 ml/1 tk vanília esszencia (kivonat)

30 ml/2 evőkanál egyszínű (könnyű) tejszín

A vajat vagy a margarint puhára habosítjuk, majd fokozatosan a cukrot, a vanília esszenciát és a tejszínt simára és krémesre keverjük.

Karamell cukormáz

Elegendő egy 23 cm-es torta kitöltéséhez és befedéséhez

100 g/4 oz/½ csésze vaj vagy margarin

225 g/8 uncia/1 csésze puha barna cukor

60 ml/4 evőkanál tej

350 g (12 oz/2 csésze) porcukor, szitálva

Lassú tűzön olvasszuk fel a vajat vagy a margarint és a cukrot, folyamatosan keverjük, amíg el nem keveredik. Hozzákeverjük a tejet és felforraljuk. Levesszük a tűzről és hagyjuk kihűlni. Addig verjük a porcukrot, amíg kenhető állagot nem kapunk.

Lemon Frosting

Elegendő egy 23 cm-es torta befedéséhez

25 g/1 uncia/2 evőkanál vaj vagy margarin

5 ml/1 teáskanál reszelt citromhéj

30 ml/2 evőkanál citromlé

250 g/9 uncia/1½ csésze porcukor (cukrászipari), szitált

A vajat vagy a margarint és a citrom héját habosra keverjük. Fokozatosan keverjük simára a citromlevet és a cukrot.

Kávé vajkrém fagyos

Elegendő egy 23 cm-es torta kitöltéséhez és befedéséhez

1 tojás fehérje

75 g/3 uncia/1/3 csésze vaj vagy margarin, lágyítva

30 ml/2 evőkanál forró tej

5 ml/1 tk vanília esszencia (kivonat)

15 ml/1 evőkanál instant kávé granulátum

Egy csipet só

350 g (12 oz/2 csésze) porcukor, átszitált

Keverjük össze a tojásfehérjét, a vajat vagy a margarint, a forró tejet, a vanília esszenciát, a kávét és a sót. A porcukrot fokozatosan simára keverjük.

Lady Baltimore Frosting

Elegendő egy 23 cm-es torta kitöltéséhez és befedéséhez

50 g/2 uncia/1/3 csésze mazsola apróra vágva

50 g glacé (kandírozott) cseresznye, apróra vágva

50 g/2 uncia/½ csésze pekándió, apróra vágva

25 g/1 uncia/3 evőkanál szárított füge, apróra vágva

2 tojásfehérje

350 g/12 uncia/1½ csésze porcukor (szuperfinom).

Egy csipetnyi tejszín fogkő

75 ml/5 evőkanál hideg víz

Egy csipet só

5 ml/1 tk vanília esszencia (kivonat)

Keverjük össze a mazsolát, a cseresznyét, a diót és a fügét. Verjük fel a tojásfehérjét, a cukrot, a tartárkrémet, a vizet és a sót egy hőálló edényben, amelyet enyhén forrásban lévő víz fölé helyezünk, körülbelül 5 percig, amíg kemény csúcsok nem lesznek. Levesszük a tűzről, és belekeverjük a vanília esszenciát. A cukormáz egyharmadába belekeverjük a gyümölcsöket, és a torta töltésére használjuk, majd a maradékkal megkenjük a torta tetejét és oldalát.

White Frosting

Elegendő egy 23 cm-es torta befedéséhez

225 g/8 oz/1 csésze kristálycukor

1 tojás fehérje

30 ml/2 evőkanál víz

15 ml/1 evőkanál aranyszínű (világos kukorica) szirup

Keverjük össze a cukrot, a tojásfehérjét és a vizet egy hőálló edényben, amelyet egy lábas víz fölé állítanak. Folytassa a verést legfeljebb 10 percig, amíg a keverék besűrűsödik és merev csúcsokat nem képez. Levesszük a tűzről, és hozzáadjuk a szirupot. Folytassa a verést, amíg szétterülő állagot nem kap.

Krémes fehér cukormáz

Elegendő egy 23 cm-es torta kitöltéséhez és befedéséhez

75 ml/5 evőkanál egyszínű (könnyű) tejszín

5 ml/1 tk vanília esszencia (kivonat)

75 g/3 uncia/1/3 csésze krémsajt

10 ml/2 teáskanál vaj vagy margarin, lágyítva

Egy csipet só

350 g (12 oz/2 csésze) porcukor, szitálva

A tejszínt, a vanília esszenciát, a krémsajtot, a vajat vagy a margarint és a sót simára keverjük. A porcukrot fokozatosan simára dolgozzuk.

Bolyhos fehér cukormáz

Elegendő egy 23 cm-es torta kitöltéséhez és befedéséhez

2 tojásfehérje

350 g/12 uncia/1½ csésze porcukor (szuperfinom).

Egy csipetnyi tejszín fogkő

75 ml/5 evőkanál hideg víz

Egy csipet só

5 ml/1 tk vanília esszencia (kivonat)

Keverjük össze a tojásfehérjét, a cukrot, a tartárkrémet, a vizet és a sót egy hőálló edényben, amelyet enyhén forrásban lévő víz fölé állítottak körülbelül 5 percig, amíg kemény csúcsok nem lesznek. Levesszük a tűzről, és belekeverjük a vanília esszenciát. Használja a torta összeillesztéséhez, majd kenje meg a maradékot a torta tetejére és oldalára.

Barna cukormáz

Elegendő egy 23 cm-es torta befedéséhez

225 g/8 uncia/1 csésze puha barna cukor

1 tojás fehérje

30 ml/2 evőkanál víz

5 ml/1 tk vanília esszencia (kivonat)

Keverjük össze a cukrot, a tojásfehérjét és a vizet egy hőálló edényben, amelyet egy lábas víz fölé állítanak. Folytassa a verést legfeljebb 10 percig, amíg a keverék besűrűsödik és merev csúcsokat nem képez. Vegyük le a tűzről és adjuk hozzá a vanília esszenciát. Folytassa a verést, amíg szétterülő állagot nem kap.

Vaníliás vajkrémes cukormáz

Elegendő egy 23 cm-es torta kitöltéséhez és befedéséhez

1 tojás fehérje

75 g/3 uncia/1/3 csésze vaj vagy margarin, lágyítva

30 ml/2 evőkanál forró tej

5 ml/1 tk vanília esszencia (kivonat)

Egy csipet só

350 g (12 oz/2 csésze) porcukor, átszitált

Keverjük össze a tojásfehérjét, a vajat vagy a margarint, a forró tejet, a vanília esszenciát és a sót. A porcukrot fokozatosan simára keverjük.

Vanília puding

600 ml/1 pt/2½ csésze

100 g/4 oz/½ csésze porcukor (szuperfinom).

50 g/2 uncia/¼ csésze kukoricaliszt (kukoricakeményítő)

4 tojássárgája

600 ml/1 pt/2½ csésze tej

1 vaníliarúd (bab)

Porcukor (cukrász) szitálva, szóráshoz

A cukor felét a kukoricaliszttel és a tojássárgájával habosra keverjük. A maradék cukrot és a tejet felforraljuk a vaníliarúddal. A cukros keveréket a forró tejben elkeverjük, majd folyamatos kevergetés mellett felforraljuk, és 3 percig főzzük, amíg besűrűsödik. Tálba öntjük, porcukorral megszórjuk, hogy ne héjasodjon ki, és hagyjuk kihűlni. Használat előtt ismét verje fel.

Pudingos töltelék

Elegendő egy 23 cm-es tortába tölteni

325 ml/11 fl uncia/11/3 csésze tej

45 ml/3 evőkanál kukoricaliszt (kukoricakeményítő)

60 g/2½ uncia/1/3 csésze porcukor (szuperfinom).

1 tojás

15 ml/1 evőkanál vaj vagy margarin

5 ml/1 tk vanília esszencia (kivonat)

Keverjen össze 30 ml/2 evőkanál tejet a kukoricaliszttel, a cukorral és a tojással. A maradék tejet egy kis lábasban forraljuk fel. Fokozatosan keverje hozzá a forró tejet a tojásos keverékhez. Öblítse ki a serpenyőt, majd tegye vissza a keveréket a serpenyőbe, és lassú tűzön keverje addig, amíg besűrűsödik. Keverjük hozzá a vajat vagy a margarint és a vanília esszenciát. Kivajazott zsírpapírral letakarjuk, és hagyjuk kihűlni.

Dán pudingos töltelék

750 ml/1¼ pt/3 csésze
2 tojás

50 g/2 uncia/¼ csésze porcukor (szuperfinom).

50 g/2 uncia/½ csésze sima (univerzális) liszt

600 ml/1 pt/2½ csésze tej

¼ vaníliarúd (bab)

A tojásokat és a cukrot kemény habbá verjük. Fokozatosan beledolgozzuk a lisztet. A tejet és a vaníliarudat felforraljuk. Vegyük ki a vaníliarudat, és keverjük hozzá a tejet a tojásos keverékhez. Tegyük vissza a serpenyőbe, és lassú tűzön pároljuk 2-3 percig, folyamatos keverés mellett. Használat előtt hagyjuk kihűlni.

Gazdag dán pudingos töltelék

750 ml/1¼ pt/3 csésze

4 tojássárgája

30 ml/2 evőkanál kristálycukor

25 ml/1½ evőkanál sima (univerzális) liszt

10 ml/2 teáskanál burgonyaliszt

450 ml/¾ pt/2 csésze egyszínű (könnyű) krém

Néhány csepp vanília esszencia (kivonat)

150 ml/¼ pt/2/3 csésze dupla (nehéz) tejszín, felvert

A tojássárgáját, a cukrot, a liszteket és a tejszínt egy lábasban kikeverjük. Közepes lángon addig keverjük, amíg a keverék sűrűsödni kezd. Adjuk hozzá a vanília esszenciát, majd hagyjuk kihűlni. Belekeverjük a tejszínhabot.

Crème Patissière

300 ml/½ pt/1¼ csésze

2 tojás, szétválasztva

45 ml/3 evőkanál kukoricaliszt (kukoricakeményítő)

300 ml/½ pt/1¼ csésze tej

Néhány csepp vanília esszencia (kivonat)

50 g/2 uncia/¼ csésze porcukor (szuperfinom).

A tojássárgáját, a kukoricalisztet és a tejet egy kis serpenyőben jól összekeverjük. Közepes lángon felforraljuk, majd állandó keverés mellett 2 percig főzzük. Keverjük hozzá a vanília esszenciát, és hagyjuk kihűlni.

A tojásfehérjét kemény habbá verjük, majd hozzáadjuk a cukor felét, és újra kemény habbá verjük. Belekeverjük a maradék cukrot. Keverjük a krémes keverékhez, és hűtsük felhasználásig.

Gyömbéres krémes töltelék

Elegendő egy 23 cm-es tortába tölteni

100 g/4 oz/½ csésze vaj vagy margarin, lágyítva

450 g/1 font/2 2/3 csésze porcukor (cukrászipari) szitált

5 ml/1 teáskanál őrölt gyömbér

30 ml/2 evőkanál tej

75 g/3 uncia/¼ csésze fekete melasz (melasz)

A vajat vagy a margarint a cukorral és a gyömbérrel habosra és krémesre keverjük. Fokozatosan keverjük hozzá a tejet és a melaszot, amíg sima és kenhető nem lesz. Ha túl híg a töltelék, keverjünk hozzá még egy kis cukrot.

Citrom töltelék

250 ml/8 fl uncia/1 csésze

100 g/4 oz/½ csésze porcukor (szuperfinom).

30 ml/2 evőkanál kukoricaliszt (kukoricakeményítő)

60 ml/4 evőkanál citromlé

15 ml/1 evőkanál reszelt citromhéj

120 ml/4 fl uncia/½ csésze víz

Egy csipet só

15 ml/1 evőkanál vaj vagy margarin

A vaj vagy a margarin kivételével az összes hozzávalót egy kis serpenyőben, lassú tűzön keverjük össze, óvatosan keverjük, amíg a keverék jól el nem keveredik. Forraljuk fel és forraljuk 1 percig. Hozzákeverjük a vajat vagy a margarint és hagyjuk kihűlni. Használat előtt hűtsük le.

Csokoládé máz

Elegendő egy 25 cm/10-es torta bekenéséhez

50 g/2 uncia/½ csésze sima (félédes) csokoládé, apróra vágva

50 g/2 uncia/¼ csésze vaj vagy margarin

2,5 ml/½ teáskanál vanília esszencia (kivonat)

75 ml/5 evőkanál forrásban lévő víz

350 g (12 oz/2 csésze) porcukor, szitálva

Az összes hozzávalót turmixgépben vagy konyhai robotgépben turmixoljuk simára, szükség szerint nyomjuk le az összetevőket. Használja egyszerre.

Gyümölcstorta máz

Elegendő egy 25 cm/10-es torta bekenéséhez

75 ml/5 evőkanál aranyszínű (világos kukorica) szirup

60 ml/4 evőkanál ananász vagy narancslé

Egy kis serpenyőben összekeverjük a szirupot és a gyümölcslevet, és forraljuk fel. Vegyük le a tűzről, és kenjük meg a masszával a kihűlt sütemény tetejét és oldalát. Hagyja beállítani. A mázat ismét felforraljuk, és egy második réteggel megkenjük a tortát.

Narancsos gyümölcstorta máz

Elegendő egy 25 cm/10-es torta bekenéséhez

50 g/2 uncia/¼ csésze porcukor (szuperfinom).

30 ml/2 evőkanál narancslé

10 ml/2 tk reszelt narancshéj

A hozzávalókat egy kis serpenyőben összekeverjük, és állandó keverés mellett felforraljuk. Vegyük le a tűzről, és kenjük meg a masszával a kihűlt sütemény tetejét és oldalát. Hagyja beállítani. A mázat ismét felforraljuk, és egy második réteggel megkenjük a tortát.

Mandula habcsók négyzetek

12-t tesz ki

225 g omlós tészta

60 ml/4 evőkanál málnalekvár (konzerv)

2 tojásfehérje

50 g/2 uncia/½ csésze őrölt mandula

100 g/4 oz/½ csésze porcukor (szuperfinom).

Néhány csepp mandula esszencia (kivonat)

25 g/1 oz/¼ csésze pelyhes (reszelt) mandula

Nyújtsuk ki a tésztát (pasztát), és béleljünk ki egy kivajazott 30 x 20 cm-es/12 x 8-as svájci tekercsformába (zselétekercs). Megkenjük a lekvárral. A tojásfehérjét kemény habbá verjük, majd óvatosan beleforgatjuk a darált mandulát, a cukrot és a mandulaesszenciát. Megkenjük a lekvárral, és megszórjuk a mandulareszelékkel. 180°C-ra előmelegített sütőben 45 perc alatt aranybarnára és ropogósra sütjük. Hagyjuk kihűlni, majd kockákra vágjuk.

Angyalcseppek

24-es lesz

50 g/2 oz/¼ csésze vaj vagy margarin, lágyítva

50 g/2 uncia/¼ csésze disznózsír (rövidítő)

100 g/4 oz/½ csésze porcukor (szuperfinom).

1 kis tojás, felverve

Néhány csepp vanília esszencia (kivonat)

175 g/6 oz/1½ csésze önnövekvő (magán kelő) liszt

45 ml/3 evőkanál hengerelt zab

50 g/2 oz/¼ csésze glacé (kandírozott) cseresznye, félbevágva

A vajat vagy a margarint, a zsírt és a cukrot habosra keverjük. Belekeverjük a tojást és a vanília esszenciát, majd beleforgatjuk a lisztet és kemény tésztává keverjük. Kis golyókra törjük, és megforgatjuk a zabban. Kivajazott tepsire helyezzük egymástól jól egymástól, és mindegyik tetejére egy cseresznyét szórunk. 180°C-ra előmelegített sütőben 20 percig sütjük, amíg meg nem szilárdul. A tálcán hagyjuk kihűlni.

Mandula szeletek

12-t tesz ki

100 g/4 oz/½ csésze vaj vagy margarin

225 g/8 uncia/2 csésze sima (univerzális) liszt

5 ml/1 teáskanál sütőpor

50 g/2 uncia/¼ csésze porcukor (szuperfinom).

1 tojás, szétválasztva

75 ml/5 evőkanál málnalekvár (konzerv)

100 g/4 uncia/2/3 csésze porcukor (cukrászipari), szitált

100 g/4 oz/1 csésze pelyhes (reszelt) mandula

Dörzsölje el a vajat vagy a margarint a liszttel és a sütőporral, amíg a keverék zsemlemorzsára nem hasonlít. Keverjük hozzá a cukrot, majd keverjük hozzá a tojássárgáját, és gyúrjuk kemény tésztává. Enyhén lisztezett felületen kinyújtjuk, hogy beleférjen egy kivajazott, 30 x 20 cm-es/12 x 8-as svájci tekercsformába (zselétekercs). Óvatosan nyomkodjuk a tepsibe, és kissé emeljük meg a tészta széleit, hogy egy ajak legyen. Megkenjük a lekvárral. A tojásfehérjét kemény habbá verjük, majd fokozatosan beleforgatjuk a porcukrot. Megkenjük a lekvárral, és megszórjuk a mandulával. 160°C-ra előmelegített sütőben 1 órán keresztül süssük aranybarnára és éppen keményre. 5 percig hagyjuk hűlni a tepsiben, majd ujjakra vágjuk, és rácsra borítjuk, hogy teljesen kihűljön.

Bakewell Tartlets

24-es lesz

A péksüteményhez:

25 g/1 uncia/2 evőkanál disznózsír (rövidítő)

25 g/1 uncia/2 evőkanál vaj vagy margarin

100 g/4 uncia/1 csésze sima (univerzális) liszt

Egy csipet só

30 ml/2 evőkanál víz

45 ml/3 evőkanál málnalekvár (konzerv)

A töltelékhez:

50 g/2 oz/¼ csésze vaj vagy margarin, lágyítva

50 g/2 uncia/¼ csésze porcukor (szuperfinom).

1 tojás, enyhén felverve

25 g/1 oz/¼ csésze önnövekvő (magán kelő) liszt

25 g/1 uncia/¼ csésze őrölt mandula

Néhány csepp mandula esszencia (kivonat)

A tészta (tészta) elkészítéséhez dörzsölje bele a disznózsírt és a vajat vagy a margarint a lisztbe és a sóba, amíg a keverék zsemlemorzsára nem hasonlít. Keverjünk hozzá annyi vizet, hogy puha tésztát kapjunk. Enyhén lisztezett felületen vékonyra kinyújtjuk, körkörösen 7,5 cm-esre vágjuk, és két kivajazott zsemleforma (pogácsasütő) részeit kibéleljük. Megtöltjük lekvárral.

A töltelékhez a vajat vagy a margarint és a cukrot habosra keverjük, majd fokozatosan hozzákeverjük a tojást. Hozzákeverjük a lisztet, az őrölt mandulát és a mandula eszenciát. A masszát kanalazzuk a tortákba, a széleket a tésztához ragasszuk úgy, hogy a lekvár teljesen ellepje. 180°C-ra előmelegített sütőben 20 perc alatt aranybarnára sütjük.

Csokoládé pillangó torták

Körülbelül 12 sütemény készül

A süteményekhez:

100 g/4 oz/½ csésze vaj vagy margarin, lágyítva

100 g/4 oz/½ csésze porcukor (szuperfinom).

2 tojás, enyhén felverve

100 g/4 oz/1 csésze önnövekvő (magán kelő) liszt

30 ml/2 evőkanál kakaópor (cukrozatlan csokoládé).

Egy csipet só

30 ml/2 evőkanál hideg tej

A cukormázhoz (fagyáshoz):

50 g/2 oz/¼ csésze vaj vagy margarin, lágyítva

100 g/4 uncia/2/3 csésze porcukor (cukrászipari), szitált

10 ml/2 teáskanál forró tej

A torták elkészítéséhez a vajat vagy a margarint és a cukrot sápadt és habosra keverjük. Fokozatosan keverjük hozzá a tojásokat felváltva a liszttel, a kakaóval és a sóval, majd adjuk hozzá a tejet, hogy lágy masszát kapjunk. Papíros süteményekbe (cupcake papírok) vagy kivajazott zsemleformákba (pogácsasütőformákba) kanalazzuk, és előmelegített sütőben 190°/375°F/5-ös gázjelzéssel 15-20 percig sütjük, amíg jól megkel és rugalmas tapintású lesz. Hagyjuk kihűlni. Vízszintesen szeleteljük le a sütemények tetejét, majd függőlegesen vágjuk ketté, hogy a pillangó „szárnyakat" kapjon.

A cukormáz elkészítéséhez a vajat vagy a margarint puhára verjük, majd a porcukor felét is beledolgozzuk. Belekeverjük a tejet, majd a maradék cukrot. A cukormázas keveréket elosztjuk a sütemények között, majd a „szárnyakat" ferdén nyomkodjuk a torták tetejére.

Kókuszos sütemények

12-t tesz ki

100 g omlós tészta

50 g/2 oz/¼ csésze vaj vagy margarin, lágyítva

50 g/2 uncia/¼ csésze porcukor (szuperfinom).

1 tojás, felvert

25 g/1 uncia/2 evőkanál rizsliszt

50 g/2 oz/½ csésze szárított (aprított) kókuszdió

1,5 ml/¼ teáskanál sütőpor

60 ml/4 evőkanál csokikrém

Nyújtsa ki a tésztát (tészta), és használja a zsemleforma (pogácsasütő) részeinek kibéleléséhez. A vajat vagy a margarint és a cukrot habosra keverjük, majd hozzáadjuk a tojást és a rizslisztet. Belekeverjük a kókuszt és a sütőport. Minden tésztalap (pitehéj) aljába tegyünk egy kis kanál csokis kenhetőt. A tetejére kanalazzuk a kókuszos keveréket, és előmelegített sütőben 200°C/400°F/6-os gázjelzéssel 15 perc alatt megkelnek és aranybarnák lesznek.

Édes Cupcakes

15-öt tesz ki

100 g/4 oz/½ csésze vaj vagy margarin, lágyítva

225 g/8 oz/1 csésze porcukor (szuperfinom).

2 tojás

5 ml/1 tk vanília esszencia (kivonat)

175 g/6 oz/1½ csésze önnövekvő (magán kelő) liszt

5 ml/1 teáskanál sütőpor

Egy csipet só

75 ml/5 evőkanál tej

A vajat vagy a margarint és a cukrot habosra keverjük. Fokozatosan adjuk hozzá a tojást és a vanília esszenciát, minden hozzáadás után jól felverjük. A lisztet, a sütőport és a sót a tejjel felváltva, jól elkeverjük. Kanalazzuk a keveréket papír tortalapokba (cukorpapírok), és 190°C-ra előmelegített sütőben süssük 20 percig, amíg a közepébe szúrt nyárs tisztán ki nem jön.

Coffee Dot sütemények

12-t tesz ki

A süteményekhez:

100 g/4 oz/½ csésze vaj vagy margarin, lágyítva

100 g/4 oz/½ csésze porcukor (szuperfinom).

2 tojás, enyhén felverve

100 g/4 oz/1 csésze önnövekvő (magán kelő) liszt

10 ml/2 tk kávéesszencia (kivonat)

A cukormázhoz (fagyáshoz):

50 g/2 oz/¼ csésze vaj vagy margarin, lágyítva

100 g/4 uncia/2/3 csésze porcukor (cukrászipari), szitált

Néhány csepp kávéesszencia (kivonat)

100 g/4 oz/1 csésze csokoládéforgács

A süteményekhez a vajat vagy a margarint és a cukrot világos és habosra keverjük. Fokozatosan beleütjük a tojásokat, majd beleforgatjuk a lisztet és a kávéesszenciát. A masszát kanalazzuk zsemleformába (pogácsasütős tepsibe) állított papír tortalapokba (cupcake papírok), és 180°C-ra előmelegített sütőben 20 percig süssük, amíg jól megkel és rugalmas tapintású lesz. Hagyjuk kihűlni.

A cukormáz elkészítéséhez a vajat vagy a margarint puhára verjük, majd beledolgozzuk a porcukrot és a kávéesszenciát. A torták tetejére kenjük, és csokireszelékkel díszítjük.

Eccles torták

16-os lesz

50 g/2 uncia/¼ csésze vaj vagy margarin

50 g/2 uncia/¼ csésze puha barna cukor

225 g/8 uncia/11/3 csésze ribizli

450 g leveles tészta vagy pelyhes tészta

Egy kis tej

45 ml/3 evőkanál porcukor (szuperfinom).

Lassú tűzön olvasszuk fel a vajat vagy a margarint és a barna cukrot, jól keverjük össze. Levesszük a tűzről, és belekeverjük a ribizlit. Hagyjuk kicsit hűlni. A tésztát (tésztát) lisztezett felületen kinyújtjuk és 16 körbe vágjuk. Osszuk el a tölteléket a körök között, majd a széleket hajtsuk középre, és kenjük meg vízzel, hogy a szélek összeérjenek. Fordítsd meg a süteményeket, és sodrófával enyhén tekerd fel, hogy kissé ellapuljanak. Mindegyik tetejére vágjunk három hasítékot, kenjük meg tejjel és szórjuk meg a cukorral. Kiolajozott tepsire tesszük, és előmelegített sütőben 200°C-on 20 perc alatt aranybarnára sütjük.

Tündér torták

Körülbelül 12-t tesz ki

100 g/4 oz/½ csésze vaj vagy margarin, lágyítva

100 g/4 oz/½ csésze porcukor (szuperfinom).

2 tojás, enyhén felverve

100 g/4 oz/1 csésze önnövekvő (magán kelő) liszt

Egy csipet só

30 ml/2 teáskanál tej

Néhány csepp vanília esszencia (kivonat)

A vajat vagy a margarint és a cukrot habosra keverjük. Fokozatosan keverjük hozzá a tojást felváltva a liszttel és sóval, majd adjuk hozzá a tejet és a vanília esszenciát, hogy lágy keveréket kapjunk. Papíros süteményekbe (cupcake papírok) vagy kivajazott zsemleformákba (pogácsás tepsibe) kanalazzuk, és 190°C-ra előmelegített sütőben 15-20 percig sütjük, amíg jól megkel és rugalmas tapintású lesz.

Toll-jeges Tündérták

12-t tesz ki

50 g/2 oz/¼ csésze vaj vagy margarin, lágyítva

50 g/2 uncia/¼ csésze porcukor (szuperfinom).

1 tojás

50 g/2 oz/½ csésze önnövekvő (magán kelő) liszt

100 g/4 oz/2/3 csésze porcukor (cukrászok).

15 ml/1 evőkanál meleg víz

Néhány csepp ételfesték

A vajat vagy a margarint és a cukrot habosra és habosra keverjük. Fokozatosan beleütjük a tojást, majd beleforgatjuk a lisztet. Osszuk el a masszát 12 zsemleformákba (pogácsás tepsibe) állított papír tortalap (cukorpapír) között. 160°C-ra előmelegített sütőben 15-20 percig sütjük, amíg megkel és rugalmas tapintású lesz. Hagyjuk kihűlni.

Keverjük össze a porcukrot és a meleg vizet. A cukormáz egyharmadát színezd ki tetszőleges ételfestékkel. A fehér cukormázzal megkenjük a süteményeket. A színes cukormázt vonalakba húzzuk a tortán, majd a vonalakra merőlegesen húzunk egy késhegyet először az egyik, majd a másik irányba, hogy hullámos mintát hozzunk létre. Hagyja beállni.

genovai fancies

12-t tesz ki

3 tojás, enyhén felverve

75 g/3 oz/1/3 csésze porcukor (szuperfinom).

75 g/3 oz/¾ csésze önnövekvő (magán kelő) liszt

Néhány csepp vanília esszencia (kivonat)

25 g/1 uncia/2 evőkanál vaj vagy margarin, megolvasztva és lehűtve

60 ml/4 evőkanál baracklekvár (konzerv), átszitált (szűrt)

60 ml/4 evőkanál víz

225 g/8 uncia/11/3 csésze porcukor (cukrászipari), szitált

Néhány csepp rózsaszín és kék ételfesték (elhagyható)

Tortadíszek

Tegye a tojásokat és a porcukrot egy hőálló tálba, amelyet egy lábas víz fölé állítanak. Addig keverjük, amíg a keverék szalagok formájában leválik a habverőről. Hozzákeverjük a lisztet és a vanília esszenciát, majd hozzákeverjük a vajat vagy a margarint. Öntsük a keveréket kivajazott, 30 x 20 cm-es svájci tekercsformába (zselétekercs) és 190°C-ra előmelegített sütőben süssük 30 percig. Hagyjuk kihűlni, majd formákra vágjuk. Melegítse fel a lekvárt 30 ml/2 evőkanál vízzel, és kenje meg a süteményt.

A porcukrot egy tálba szitáljuk. Ha a cukormázat különböző színűre szeretnéd készíteni, oszd szét külön tálakba, és készíts mindegyik közepébe egy mélyedést. Fokozatosan adjunk hozzá néhány csepp színt és csak annyit a maradék vízből, hogy elég kemény habbá keverjük. A süteményekre kenjük és ízlés szerint díszítjük.

Mandulás makaron

16-os lesz

Rizspapír

100 g/4 oz/½ csésze porcukor (szuperfinom).

50 g/2 uncia/½ csésze őrölt mandula

5 ml/1 teáskanál őrölt rizs

Néhány csepp mandula esszencia (kivonat)

1 tojás fehérje

8 blansírozott mandula félbevágva

Egy tepsit (süti) béleljünk ki rizspapírral. Az összes hozzávalót a blansírozott mandula kivételével kemény masszává keverjük, és jól kikeverjük. A keverékből kanálokat helyezünk a tepsire, és mindegyik tetejére egy-egy mandulafélét teszünk. Előmelegített sütőben 150°C/325°F/gázjelzés 3 25 percig sütjük. Hagyjuk kihűlni a tepsiben, majd mindegyiket felvágjuk vagy szaggatjuk, hogy leválasszuk a rizspapír lapról.

Kókuszos makaronok

16-os lesz

2 tojásfehérje

150 g/5 oz/2/3 csésze porcukor (szuperfinom).

150 g/5 uncia/1¼ csésze szárított (aprított) kókuszdió

Rizspapír

8 glacé (kandírozott) cseresznye, félbevágva

A tojásfehérjét kemény habbá verjük. Addig keverjük a cukrot, amíg kemény csúcsokat nem kapunk. Belekeverjük a kókuszt. Helyezze a rizspapírt egy sütőlapra (süti), és helyezzen rá kanálnyi keveréket. Mindegyik tetejére tegyünk egy-egy cseresznye felét. Előmelegített sütőben 160°C/325°F/gáz jelzés 3 30 perc alatt megszilárdul. Hagyjuk a rizspapíron kihűlni, majd mindegyiket felvágjuk vagy tépkedjük, hogy leválasszuk a rizspapír lapról.

Lime Macaroons

12-t tesz ki

100 g omlós tészta

60 ml/4 evőkanál lime lekvár

2 tojásfehérje

50 g/2 uncia/¼ csésze porcukor (szuperfinom).

25 g/1 uncia/¼ csésze őrölt mandula

10 ml/2 teáskanál őrölt rizs

5 ml/1 teáskanál narancsvirágvíz

Nyújtsa ki a tésztát (tészta), és használja a zsemleforma (pogácsasütő) részeinek kibéleléséhez. Minden tésztatartóba (pitehéj) tegyünk egy kis kanál lekvárt. A tojásfehérjét kemény habbá verjük. A cukrot kemény habbá és fényesre keverjük. Belekeverjük a mandulát, a rizst és a narancsvirágvizet. A tokba kanalazzuk, teljesen befedve a lekvárt. 180°C-ra előmelegített sütőben 30 percig sütjük, amíg megkel és aranybarna nem lesz.

Zabos makaróni

24-es lesz

175 g/6 uncia/1½ csésze hengerelt zab

175 g/6 uncia/¾ csésze muscovado cukor

120 ml/4 fl uncia/½ csésze olaj

1 tojás

2,5 ml/½ teáskanál só

2,5 ml/½ teáskanál mandula esszencia (kivonat)

Keverjük össze a zabot, a cukrot és az olajat, és hagyjuk állni 1 órát. Belekeverjük a tojást, a sót és a mandula eszenciát. Helyezzen kanálnyi keveréket egy kivajazott tepsire, és 160°C-ra előmelegített sütőben süsse 20 perc alatt aranybarnára.

Madeleines

9-et tesz ki

100 g/4 oz/½ csésze vaj vagy margarin, lágyítva

100 g/4 oz/½ csésze porcukor (szuperfinom).

2 tojás, enyhén felverve

100 g/4 oz/1 csésze önnövekvő (magán kelő) liszt

175 g/6 uncia/½ csésze eper- vagy málnalekvár (konzerv)

60 ml/4 evőkanál víz

50 g/2 oz/½ csésze szárított (aprított) kókuszdió

5 glacé (kandírozott) cseresznye, félbevágva

A vajat vagy a margarint habosra keverjük, majd a cukrot habosra keverjük. Fokozatosan beleütjük a tojásokat, majd beleforgatjuk a lisztet. Kilenc kivajazott dariole (várpuding) formába kanalazzuk, és sütőlapra tesszük. 190°C-ra előmelegített sütőben, 5-ös gázjelzéssel 20 percig sütjük, amíg szép megkel és aranybarna nem lesz. Hagyja hűlni a formákban 5 percig, majd fordítsa rácsra, hogy teljesen kihűljön.

Vágja le minden torta tetejét, hogy lapos alapot képezzen. Szűrjük le (szűrjük) a lekvárt, és egy kis lábasban forraljuk fel vízzel, kevergetve, amíg jól el nem keveredik. Terítse el a kókuszt egy nagy zsírálló (viaszos) papírlapon. Nyárson nyomjunk az első torta aljába, kenjük le lekváros mázzal, majd forgassuk bele a kókuszba, amíg el nem fedi. Tálaló tányérra tesszük. Ismételje meg a többi süteménnyel. A tetejére félbevágott glace cseresznye.

Marcipán torták

Körülbelül 12-t tesz ki

450 g/1 font/4 csésze őrölt mandula

100 g/4 uncia/2/3 csésze porcukor (cukrászipari), szitált

100 g/4 oz/½ csésze porcukor (szuperfinom).

30 ml/2 evőkanál víz

3 tojás fehérje

A cukormázhoz (fagyáshoz):

100 g/4 uncia/2/3 csésze porcukor (cukrászipari), szitált

1 tojás fehérje

2,5 ml/½ teáskanál ecet

Egy serpenyőben összekeverjük a sütemény összes hozzávalóját, és óvatosan kevergetve melegítjük, amíg a paszta fel nem szívja az összes folyadékot. Levesszük a tűzről és hagyjuk kihűlni. Enyhén lisztezett felületen 1 cm/½ vastagra kinyújtjuk, és 3 cm/½ csíkokra vágjuk. 5 cm/2-es hosszokra vágjuk, kivajazott tepsibe rendezzük, és előmelegített sütőben 150°C/300°F/ gázjelzés 2 20 percig sütjük, amíg a teteje világosbarna nem lesz. Hagyjuk kihűlni.

A cukormáz elkészítéséhez a tojásfehérjét és az ecetet fokozatosan keverjük a porcukorral, amíg sima, sűrű hab nem lesz. Kenjük meg a cukormázzal a süteményeket.

Muffin

12-t tesz ki

225 g/8 uncia/2 csésze sima (univerzális) liszt

100 g/4 oz/½ csésze porcukor (szuperfinom).

10 ml/2 tk sütőpor

2,5 ml/½ teáskanál só

1 tojás, enyhén felverve

250 ml/8 fl oz/1 csésze tej

120 ml/4 fl uncia/½ csésze olaj

A lisztet, a cukrot, a sütőport és a sót összekeverjük, és mélyedést készítünk a közepébe. A többi hozzávalót összeturmixoljuk, és a száraz hozzávalókhoz keverjük, amíg el nem keveredik. Ne keverje túl. Kanalazzuk muffinformákba (papírokba) vagy kivajazott muffinformákba (tepsibe), és 200°C-ra előmelegített sütőben süssük 20 percig, amíg jól megkel és rugalmas tapintású lesz.

Almás Muffin

12-t tesz ki

225 g/8 uncia/2 csésze sima (univerzális) liszt

100 g/4 oz/½ csésze porcukor (szuperfinom).

10 ml/2 tk sütőpor

2,5 ml/½ teáskanál só

1 tojás, enyhén felverve

250 ml/8 fl oz/1 csésze tej

120 ml/4 fl uncia/½ csésze olaj

2 étkezési (desszert) alma, meghámozva, kimagozva és apróra vágva

A lisztet, a cukrot, a sütőport és a sót összekeverjük, és mélyedést készítünk a közepébe. A többi hozzávalót összeturmixoljuk, és a száraz hozzávalókhoz keverjük, amíg el nem keveredik. Ne keverje túl. Kanalazzuk muffinformákba (papírokba) vagy kivajazott muffinformákba (tepsibe), és 200°C-ra előmelegített sütőben süssük 20 percig, amíg jól megkel és rugalmas tapintású lesz.

Banán Muffin

12-t tesz ki

225 g/8 uncia/2 csésze sima (univerzális) liszt

100 g/4 oz/½ csésze porcukor (szuperfinom).

10 ml/2 tk sütőpor

2,5 ml/½ teáskanál só

1 tojás, enyhén felverve

250 ml/8 fl oz/1 csésze tej

120 ml/4 fl uncia/½ csésze olaj

2 banán, pépesítve

A lisztet, a cukrot, a sütőport és a sót összekeverjük, és mélyedést készítünk a közepébe. A többi hozzávalót összeturmixoljuk, és a száraz hozzávalókhoz keverjük, amíg el nem keveredik. Ne keverje túl. Kanalazzuk muffinformákba (papírokba) vagy kivajazott muffinformákba (tepsibe), és 200°C-ra előmelegített sütőben süssük 20 percig, amíg jól megkel és rugalmas tapintású lesz.

Feketeribizli Muffin

12-t tesz ki

225 g/8 oz/2 csésze önnövekvő (magán kelő) liszt

75 g/3 oz/1/3 csésze porcukor (szuperfinom).

2 tojásfehérje

75 g/3 oz feketeribizli

200 ml/7 fl oz/kevés 1 csésze tej

30 ml/2 evőkanál olaj

Keverjük össze a lisztet és a cukrot. A tojásfehérjét enyhén felverjük, majd a száraz hozzávalókhoz keverjük. Hozzákeverjük a fekete ribizlit, a tejet és az olajat. Kikent muffinformákba kanalazzuk, és 200°C-ra előmelegített sütőben 15-20 perc alatt aranybarnára sütjük.

Amerikai áfonyás Muffin

12-t tesz ki

150 g/5 uncia/1¼ csésze sima (univerzális) liszt

75 g/3 uncia/¾ csésze kukoricadara

75 g/3 oz/1/3 csésze porcukor (szuperfinom).

10 ml/2 tk sütőpor

Egy csipet só

1 tojás, enyhén felverve

75 g/3 uncia/1/3 csésze vaj vagy margarin, olvasztott

250 ml/8 fl oz/1 csésze író

100 g/4 uncia áfonya

A lisztet, a kukoricadarát, a cukrot, a sütőport és a sót összekeverjük, és mélyedést készítünk a közepébe. Adjuk hozzá a tojást, a vajat vagy a margarint és az írót, és keverjük össze, amíg össze nem áll. Hozzákeverjük az áfonyát vagy a szedret. Muffin tepsibe (papírokba) kanalazzuk, és előmelegített sütőben 200°C/400°F/gázjelzés 6 20 perc alatt aranybarnára és rugalmas tapintásúra sütjük.

Cseresznye Muffin

12-t tesz ki

225 g/8 uncia/2 csésze sima (univerzális) liszt

100 g/4 oz/½ csésze porcukor (szuperfinom).

100 g/4 oz/½ csésze glacé (kandírozott) cseresznye

10 ml/2 tk sütőpor

2,5 ml/½ teáskanál só

1 tojás, enyhén felverve

250 ml/8 fl oz/1 csésze tej

120 ml/4 fl uncia/½ csésze olaj

A lisztet, a cukrot, a meggyet, a sütőport és a sót összekeverjük, és mélyedést készítünk a közepébe. A többi hozzávalót összeturmixoljuk, és a száraz hozzávalókhoz keverjük, amíg el nem keveredik. Ne keverje túl. Kanalazzuk muffinformákba (papírokba) vagy kivajazott muffinformákba (tepsibe), és 200°C-ra előmelegített sütőben süssük 20 percig, amíg jól megkel és rugalmas tapintású lesz.

Csokis Muffin

10-12

175 g/6 uncia/1½ csésze sima (univerzális) liszt

40 g/1½ oz/1/3 csésze kakaópor (cukrozatlan csokoládé)

100 g/4 oz/½ csésze porcukor (szuperfinom).

10 ml/2 tk sütőpor

2,5 ml/½ teáskanál só

1 nagy tojás

250 ml/8 fl oz/1 csésze tej

2,5 ml/½ teáskanál vanília esszencia (kivonat)

120 ml/4 fl oz/½ csésze napraforgó- vagy növényi olaj

Keverjük össze a száraz hozzávalókat, és készítsünk mélyedést a közepébe. A tojást, a tejet, a vanília esszenciát és az olajat alaposan összekeverjük. Gyorsan keverje hozzá a folyadékot a száraz hozzávalókhoz, amíg mind el nem keveredik. Ne keverje túl; a keveréknek csomósnak kell lennie. Muffin formákba (papírokba) vagy tepsibe kanalazzuk, és előmelegített sütőben, 200°C/400°F/gáz 6-os fokozaton kb. 20 percig sütjük, amíg jól megkel és rugalmas tapintású lesz.

Csokis Muffin

12-t tesz ki

175 g/6 uncia/1½ csésze sima (univerzális) liszt

100 g/4 oz/½ csésze porcukor (szuperfinom).

45 ml/3 evőkanál kakaópor (cukrozatlan csokoládé).

100 g/4 oz/1 csésze csokoládéforgács

10 ml/2 tk sütőpor

2,5 ml/½ teáskanál só

1 tojás, enyhén felverve

250 ml/8 fl oz/1 csésze tej

120 ml/4 fl uncia/½ csésze olaj

2,5 ml/½ teáskanál vanília esszencia (kivonat)

A lisztet, a cukrot, a kakaót, a csokireszeléket, a sütőport és a sót összekeverjük, és mélyedést készítünk a közepébe. A többi hozzávalót összeturmixoljuk, és a száraz hozzávalókhoz keverjük, amíg el nem keveredik. Ne keverje túl. Kanalazzuk muffinformákba (papírokba) vagy kivajazott muffinformákba (tepsibe), és 200°C-ra előmelegített sütőben süssük 20 percig, amíg jól megkel és rugalmas tapintású lesz.

Fahéjas Muffin

12-t tesz ki

225 g/8 uncia/2 csésze sima (univerzális) liszt

100 g/4 oz/½ csésze porcukor (szuperfinom).

10 ml/2 tk sütőpor

5 ml/1 teáskanál őrölt fahéj

2,5 ml/½ teáskanál só

1 tojás, enyhén felverve

250 ml/8 fl oz/1 csésze tej

120 ml/4 fl uncia/½ csésze olaj

A lisztet, a cukrot, a sütőport, a fahéjat és a sót összekeverjük, és mélyedést készítünk a közepébe. A többi hozzávalót összeturmixoljuk, és a száraz hozzávalókhoz keverjük, amíg el nem keveredik. Ne keverje túl. Kanalazzuk muffinformákba (papírokba) vagy kivajazott muffinformákba (tepsibe), és 200°C-ra előmelegített sütőben süssük 20 percig, amíg jól megkel és rugalmas tapintású lesz.

Kukoricalisztes Muffin

12-t tesz ki

50 g/2 uncia/½ csésze sima (univerzális) liszt

100 g/4 uncia/1 csésze kukoricadara

5 ml/1 teáskanál sütőpor

1 tojás, szétválasztva

1 tojássárgája

30 ml/2 evőkanál kukoricaolaj

30 ml/2 evőkanál tej

Keverjük össze a lisztet, a kukoricadarát és a sütőport. A tojássárgáját, az olajat és a tejet habosra keverjük, majd a száraz hozzávalókhoz keverjük. A tojásfehérjét kemény habbá verjük, majd a masszához forgatjuk. Kanalazzuk muffinformákba (papírokba) vagy kivajazott muffinformákba (tepsibe), és 200°C-ra előmelegített sütőben süssük 20 perc alatt aranybarnára.

Teljes kiőrlésű füge Muffin

10-et tesz ki

100 g/4 oz/1 csésze teljes kiőrlésű (teljes kiőrlésű) liszt

5 ml/1 teáskanál sütőpor

50 g/2 uncia/½ csésze hengerelt zab

50 g/2 uncia/1/3 csésze szárított füge, apróra vágva

45 ml/3 evőkanál olaj

75 ml/5 evőkanál tej

15 ml/1 evőkanál fekete melasz (melasz)

1 tojás, enyhén felverve

Keverjük össze a lisztet, a sütőport és a zabot, majd keverjük hozzá a fügét. Az olajat, a tejet és a melaszot összekeverjük, majd a száraz hozzávalókhoz keverjük a tojással, és kemény tésztává keverjük. Tegyen kanálnyi keveréket muffinformákba (papírokba) vagy kivajazott muffinformákba (tepsibe), és 190°C-ra előmelegített sütőben süsse kb. 20 perc alatt aranybarnára.

Gyümölcsös és korpás Muffin

8-at tesz ki

100 g/4 uncia/1 csésze All Bran gabonapehely

50 g/2 uncia/½ csésze sima (univerzális) liszt

2,5 ml/½ teáskanál sütőpor

5 ml/1 teáskanál szódabikarbóna (szódabikarbóna)

5 ml/1 teáskanál őrölt kevert (almás pite) fűszer

50 g/2 uncia/1/3 csésze mazsola

100 g/4 uncia/1 csésze almapüré (szósz)

5 ml/1 tk vanília esszencia (kivonat)

30 ml/2 evőkanál tej

Keverjük össze a száraz hozzávalókat, és készítsünk mélyedést a közepébe. Hozzákeverjük a mazsolát, az almapürét és a vanília esszenciát és annyi tejet, hogy lágy keveréket kapjunk. Kanalazzuk muffinformákba (papírokba) vagy kivajazott muffinformákba (tepsibe), és 200°C-ra előmelegített sütőben süssük 20 percig, amíg jól megkel és aranybarna nem lesz.

Zab Muffin

20-at tesz ki

100 g/4 oz/1 csésze zabpehely

100 g/4 oz/1 csésze zabliszt

225 g/8 uncia/2 csésze teljes kiőrlésű (teljes kiőrlésű) liszt

10 ml/2 tk sütőpor

50 g/2 uncia/1/3 csésze mazsola (opcionális)

375 ml/13 fl uncia/1½ csésze tej

10 ml/2 teáskanál olaj

2 tojásfehérje

Keverjük össze a zabpelyhet, a liszteket és a sütőport, és ha használjuk, keverjük hozzá a mazsolát. Keverjük hozzá a tejet és az olajat. A tojásfehérjét kemény habbá verjük, majd a masszához forgatjuk. Kanalazzuk muffinformákba (papírokba) vagy kivajazott muffinformákba (tepsibe), és 190°C-ra előmelegített sütőben süssük 25 perc alatt aranybarnára.

Zabpehely gyümölcs Muffin

10-et tesz ki

100 g/4 oz/1 csésze teljes kiőrlésű (teljes kiőrlésű) liszt

100 g/4 oz/1 csésze zabpehely

15 ml/1 evőkanál sütőpor

100 g/4 uncia/2/3 csésze szultána (arany mazsola)

50 g/2 oz/½ csésze apróra vágott vegyes dió

1 étkezési (desszert) alma, meghámozva, kimagozva és lereszelve

45 ml/3 evőkanál olaj

30 ml/2 evőkanál tiszta méz

15 ml/1 evőkanál fekete melasz (melasz)

1 tojás, enyhén felverve

90 ml/6 evőkanál tej

Keverjük össze a lisztet, a zabpelyhet és a sütőport. Keverje hozzá a szultánt, a diót és az almát. Az olajat, a mézet és a melaszot felolvadásig melegítjük, majd a tojással és annyi tejjel keverjük hozzá, hogy lágy csepegtető állagot kapjunk. Kanalazzuk muffinformákba (papírokba) vagy kivajazott muffinformákba (tepsibe), és 190°C-ra előmelegített sütőben süssük 25 perc alatt aranybarnára.

Narancssárga Muffin

12-t tesz ki

100 g/4 oz/1 csésze önnövekvő (magán kelő) liszt

100 g/4 uncia/½ csésze puha barna cukor

1 tojás, enyhén felverve

120 ml/4 fl oz/½ csésze narancslé

60 ml/4 evőkanál olaj

2,5 ml/½ teáskanál vanília esszencia (kivonat)

25 g/1 uncia/2 evőkanál vaj vagy margarin

30 ml/2 evőkanál sima (univerzális) liszt

2,5 ml/½ teáskanál őrölt fahéj

Egy tálban keverjük össze az önkelesztő lisztet és a cukor felét. Keverjük össze a tojást, a narancslevet, az olajat és a vanília esszenciát, majd keverjük a száraz hozzávalókhoz. Ne keverje túl. Muffin formákba (papírokba) vagy kivajazott muffinformákba (tepsibe) kanalazzuk, és 200°C-ra előmelegített sütőben 10 percig sütjük.

Közben az öntethez való vajat vagy margarint a sima liszthez dörzsöljük, majd belekeverjük a maradék cukrot és a fahéjat. Szórjuk rá a muffinokat, és tegyük vissza a sütőbe további 5 percre, amíg aranybarnák nem lesznek.

Őszibarack Muffin

12-t tesz ki

225 g/8 uncia/2 csésze sima (univerzális) liszt

100 g/4 oz/½ csésze porcukor (szuperfinom).

10 ml/2 tk sütőpor

2,5 ml/½ teáskanál só

1 tojás, enyhén felverve

175 ml/6 fl uncia/¾ csésze tej

120 ml/4 fl uncia/½ csésze olaj

200 g/7 oz/1 kis konzerv őszibarack, lecsepegtetve és apróra vágva

A lisztet, a cukrot, a sütőport és a sót összekeverjük, és mélyedést készítünk a közepébe. A többi hozzávalót összeturmixoljuk, és a száraz hozzávalókhoz keverjük, amíg el nem keveredik. Ne keverje túl. Kanalazzuk muffinformákba (papírokba) vagy kivajazott muffinformákba (tepsibe), és 200°C-ra előmelegített sütőben süssük 20 percig, amíg jól megkel és rugalmas tapintású lesz.

Mogyoróvajas Muffin

12-t tesz ki

225 g/8 uncia/2 csésze sima (univerzális) liszt

100 g/4 uncia/½ csésze puha barna cukor

10 ml/2 tk sütőpor

2,5 ml/½ teáskanál só

1 tojás, enyhén felverve

250 ml/8 fl oz/1 csésze tej

120 ml/4 fl uncia/½ csésze olaj

45 ml/3 evőkanál mogyoróvaj

A lisztet, a cukrot, a sütőport és a sót összekeverjük, és mélyedést készítünk a közepébe. A többi hozzávalót összeturmixoljuk, és a száraz hozzávalókhoz keverjük, amíg el nem keveredik. Ne keverje túl. Kanalazzuk muffinformákba (papírokba) vagy kivajazott muffinformákba (tepsibe), és 200°C-ra előmelegített sütőben süssük 20 percig, amíg jól megkel és rugalmas tapintású lesz.

Ananász Muffin

12-t tesz ki

225 g/8 uncia/2 csésze sima (univerzális) liszt

100 g/4 uncia/½ csésze puha barna cukor

10 ml/2 tk sütőpor

2,5 ml/½ teáskanál só

1 tojás, enyhén felverve

175 ml/6 fl uncia/¾ csésze tej

120 ml/4 fl uncia/½ csésze olaj

200 g/7 oz/1 kis ananászkonzerv, lecsepegtetve és apróra vágva

30 ml/2 evőkanál demerara cukor

A lisztet, a puha barna cukrot, a sütőport és a sót összekeverjük, és mélyedést készítünk a közepébe. A demerara cukor kivételével az összes többi hozzávalót összekeverjük, és a száraz hozzávalókhoz keverjük, amíg el nem keveredik. Ne keverje túl. Muffin formákba (papírokba) vagy kivajazott muffinformákba (tepsibe) kanalazzuk, és megszórjuk a demerara cukorral. 200°C-ra előmelegített sütőben 20 percig sütjük, amíg jól megkel és rugalmas tapintású lesz.

Málnás Muffin

12-t tesz ki

225 g/8 uncia/2 csésze sima (univerzális) liszt

100 g/4 oz/½ csésze porcukor (szuperfinom).

10 ml/2 tk sütőpor

2,5 ml/½ teáskanál só

200 g/7 oz málna

1 tojás, enyhén felverve

250 ml/8 fl oz/1 csésze tej

120 ml/4 fl oz/½ csésze növényi olaj

Keverjük össze a lisztet, a cukrot, a sütőport és a sót. Hozzákeverjük a málnát, és mélyedést készítünk a közepébe. Keverjük össze a tojást, a tejet és az olajat, és öntsük a száraz hozzávalókhoz. Óvatosan keverjük össze, amíg az összes száraz hozzávaló el nem keveredik, de a keverék továbbra is csomós lesz. Ne verje túl. A masszát kanalazzuk muffinformákba (papírokba) vagy kivajazott muffinformákba (tepsibe), és előmelegített sütőben, 200°C/400°F/6-os gázjelzéssel süssük 20 percig, amíg jól megkel és rugalmas tapintású lesz.

Málnás és citromos Muffin

12-t tesz ki

175 g/6 uncia/1½ csésze sima (univerzális) liszt

50 g/2 uncia/¼ csésze kristálycukor

50 g/2 uncia/¼ csésze puha barna cukor

10 ml/2 tk sütőpor

5 ml/1 teáskanál őrölt fahéj

Egy csipet só

1 tojás, enyhén felverve

100 g/4 oz/½ csésze vaj vagy margarin, olvasztott

120 ml/4 fl oz/½ csésze tej

100 g/4 oz friss málna

10 ml/2 tk reszelt citromhéj

A feltéthez:
75 g/3 uncia/½ csésze porcukor (cukrászipari), átszitált

15 ml/1 evőkanál citromlé

A lisztet, kristálycukrot, barna cukrot, sütőport, fahéjat és sót egy tálban összekeverjük, és mélyedést készítünk a közepébe. Hozzáadjuk a tojást, a vajat vagy a margarint és a tejet, és addig turmixoljuk, amíg a hozzávalók össze nem keverednek. Belekeverjük a málnát és a citromhéjat. Kanalazzuk muffinformákba (papírokba) vagy kivajazott muffinformákba (tepsibe), és 180°C/350°F/gázjelzés 4-es előmelegített sütőben süssük 20 perc alatt aranybarnára és rugalmas tapintásúra. Az öntethez keverjük össze a porcukrot és a citromlevet, és csorgassuk rá a meleg muffinokra.

Sultana Muffin

12-t tesz ki

225 g/8 uncia/2 csésze sima (univerzális) liszt

100 g/4 oz/½ csésze porcukor (szuperfinom).

100 g/4 uncia/2/3 csésze szultána (arany mazsola)

10 ml/2 tk sütőpor

5 ml/1 teáskanál őrölt kevert (almás pite) fűszer

2,5 ml/½ teáskanál só

1 tojás, enyhén felverve

250 ml/8 fl oz/1 csésze tej

120 ml/4 fl uncia/½ csésze olaj

A lisztet, a cukrot, a szultánt, a sütőport, a fűszereket és a sót összekeverjük, és mélyedést készítünk a közepébe. Keverje hozzá a többi hozzávalót, amíg csak el nem keveredik. Kanalazzuk muffinformákba (papírokba) vagy kivajazott muffinformákba (tepsibe), és 200°C-ra előmelegített sütőben süssük 20 percig, amíg jól megkel és rugalmas tapintású lesz.

Mellékes muffin

12-t tesz ki

225 g/8 uncia/2 csésze sima (univerzális) liszt

100 g/4 uncia/½ csésze puha barna cukor

10 ml/2 tk sütőpor

2,5 ml/½ teáskanál só

1 tojás, enyhén felverve

175 ml/6 fl uncia/¾ csésze tej

60 ml/4 evőkanál fekete melasz (melasz)

120 ml/4 fl uncia/½ csésze olaj

A lisztet, a cukrot, a sütőport és a sót összekeverjük, és mélyedést készítünk a közepébe. Keverje hozzá a többi hozzávalót, amíg csak el nem keveredik. Ne keverje túl. Kanalazzuk muffinformákba (papírokba) vagy kivajazott muffinformákba (tepsibe), és 200°C-ra előmelegített sütőben süssük 20 percig, amíg jól megkel és rugalmas tapintású lesz.

Melaszhal és zab muffin

10-et tesz ki

100 g/4 uncia/1 csésze sima (univerzális) liszt

175 g/6 uncia/1½ csésze hengerelt zab

100 g/4 uncia/½ csésze puha barna cukor

15 ml/1 evőkanál sütőpor

5 ml/1 teáskanál őrölt fahéj

2,5 ml/½ teáskanál só

1 tojás, enyhén felverve

120 ml/4 fl oz/½ csésze tej

60 ml/4 evőkanál fekete melasz (melasz)

75 ml/5 evőkanál olaj

A lisztet, a zabot, a cukrot, a sütőport, a fahéjat és a sót összekeverjük, és mélyedést készítünk a közepébe. Keverjük össze a többi hozzávalót, majd keverjük a száraz hozzávalókhoz, amíg teljesen össze nem keveredik. Ne keverje túl. Kanalazzuk muffinformákba (papírokba) vagy kivajazott muffinformákba (tepsibe), és 200°C-ra előmelegített sütőben süssük 15 percig, amíg jól megkel és rugalmas tapintású lesz.

Zab pirítósok

8-at tesz ki

225 g/8 uncia/2 csésze hengerelt zab

100 g/4 oz/1 csésze teljes kiőrlésű (teljes kiőrlésű) liszt

5 ml/1 teáskanál só

5 ml/1 teáskanál sütőpor

50 g/2 uncia/¼ csésze disznózsír (rövidítő)

30 ml/2 evőkanál hideg víz

Keverjük össze a száraz hozzávalókat, majd dörzsöljük bele a disznózsírt, amíg a keverék zsemlemorzsára nem hasonlít. Adjunk hozzá annyi vizet, hogy kemény tésztát kapjunk. Enyhén lisztezett felületen 18 cm-es kör alakúra kinyújtjuk, és nyolc szeletre vágjuk. Kivajazott tepsire tesszük, és 180°C-ra előmelegített sütőben 25 percig sütjük. Vajjal, lekvárral vagy lekvárral tálaljuk.

Epres szivacsomlettek

18-at tesz ki

5 tojássárgája

75 g/3 oz/1/3 csésze porcukor (szuperfinom).

Egy csipet só

½ citrom reszelt héja

4 tojás fehérje

40 g/1½ oz/1/3 csésze kukoricaliszt (kukoricakeményítő)

40 g/1½ oz/1/3 csésze sima (univerzális) liszt

40 g/1½ oz/3 evőkanál vaj vagy margarin, olvasztott

300 ml/½ pt/1¼ csésze tejszínhab

225 g/8 uncia eper

Porcukor (cukrásziparí) szitán, porozáshoz

A tojások sárgáját 25 g porcukorral habosra és sűrűre verjük, majd a sóval és a citromhéjjal habosra keverjük. A tojásfehérjéket kemény habbá verjük, majd hozzáadjuk a maradék porcukrot, és tovább verjük, amíg kemény és fényes nem lesz. Belekeverjük a tojássárgáját, majd beleforgatjuk a kukoricalisztet és a lisztet. Hozzákeverjük az olvasztott vajat vagy margarint. Tegye át a keveréket egy 1 cm/½-es sima fúvókával (véggel) ellátott csőzsákba, és 15 cm/6-os körökben pipálja ki egy kivajazott és kibélelt sütőlapon. 220°C-ra előmelegített sütőben 10 percig sütjük, amíg meg nem pirul, de nem barnul meg. Hagyjuk kihűlni.

A tejszínt kemény habbá verjük. Mindegyik kör felére vékony réteget simítunk, ráhelyezzük az epret, majd még krémmel fejezzük be. Hajtsa rá az „omlett" felső felét. Porcukorral meghintjük és tálaljuk.

Borsmentás sütemények

12-t tesz ki

100 g/4 oz/½ csésze vaj vagy margarin, lágyítva

100 g/4 oz/½ csésze porcukor (szuperfinom).

2 tojás, enyhén felverve

75 g/3 oz/¾ csésze önnövekvő (magán kelő) liszt

10 ml/2 teáskanál kakaópor (cukrozatlan csokoládé).

Egy csipet só

225 g/8 uncia/11/3 csésze porcukor (cukrásziapri), szitált

30 ml/2 evőkanál víz

Néhány csepp zöld ételfesték

Néhány csepp borsmenta esszencia (kivonat)

Csokoládé menta, félbevágva, díszítéshez

A vajat vagy a margarint és a cukrot habosra keverjük, majd fokozatosan hozzákeverjük a tojásokat. Belekeverjük a lisztet, a kakaót és a sót. Kivajazott zsemleformákba (pogácsás tepsibe) kanalazzuk, és előmelegített sütőben 200°C/400°F/gázjelzés 6 10 percig sütjük, amíg rugalmas tapintású lesz. Hagyjuk kihűlni.

A porcukrot egy tálba szitáljuk és 15 ml/1 evőkanál vízben elkeverjük, majd ízlés szerint hozzáadjuk az ételfestéket és a borsmenta eszenciát. Adjon hozzá még vizet, ha szükséges, hogy olyan állagot kapjon, amely bevonja a kanál hátát. Kenjük meg a cukormázzal a sütemények tetejét, és díszítsük csokoládé mentával.

Mazsolás sütemények

12-t tesz ki

175 g/6 uncia/1 csésze mazsola

250 ml/8 fl uncia/1 csésze víz

5 ml/1 teáskanál szódabikarbóna (szódabikarbóna)

100 g/4 oz/½ csésze vaj vagy margarin, lágyítva

100 g/4 uncia/½ csésze puha barna cukor

1 tojás, felvert

5 ml/1 tk vanília esszencia (kivonat)

200 g/7 uncia/1¾ csésze sima (univerzális) liszt

5 ml/1 teáskanál sütőpor

Egy csipet só

A mazsolát, a vizet és a szódabikarbónát egy lábasban felforraljuk, majd lassú tűzön 3 percig főzzük. Hagyjuk langyosra hűlni. A vajat vagy a margarint és a cukrot habosra és habosra keverjük. Fokozatosan keverjük hozzá a tojást és a vanília esszenciát. Keverjük hozzá a mazsolás keverékhez, majd keverjük hozzá a lisztet, a sütőport és a sót. A keveréket kanalazzuk muffinformákba (papírokba) vagy kivajazott muffinformákba (tepsibe), és előmelegített sütőben, 180°C-on, 12-15 percig süssük, amíg jól megkel és aranybarna nem lesz.

Mazsola fürtök

24-es lesz

225 g/8 uncia/2 csésze sima (univerzális) liszt

Egy csipet őrölt vegyes (almás pite) fűszer

5 ml/1 teáskanál szódabikarbóna (szódabikarbóna)

225 g/8 oz/1 csésze porcukor (szuperfinom).

45 ml/3 evőkanál őrölt mandula

225 g/8 uncia/1 csésze vaj vagy margarin, olvasztott

45 ml/3 evőkanál mazsola

1 tojás, enyhén felverve

Keverjük össze a száraz hozzávalókat, majd keverjük hozzá az olvasztott vajat vagy margarint, majd a mazsolát és a tojást. Jól keverjük kemény masszává. Enyhén lisztezett felületen nyújtsuk ki kb. 5 mm/¼ vastagságúra, és vágjuk 5 mm x 20 cm/¼ x 8 hüvelyk méretű csíkokra. A felső felületet enyhén nedvesítsük meg kevés vízzel, majd a rövidebb végétől kezdve tekerjük fel mindegyik csíkot. Kivajazott tepsire helyezzük, és előmelegített sütőben 200°C-on 15 perc alatt aranybarnára sütjük.

Málnás zsemle

12 zsemlét készít

225 g/8 uncia/2 csésze sima (univerzális) liszt

7,5 ml/½ evőkanál sütőpor

2,5 ml/½ teáskanál őrölt kevert (almás pite) fűszer

Egy csipet só

75 g/3 uncia/1/3 csésze vaj vagy margarin

75 g/3 uncia/1/3 csésze porcukor (szuperfinom) plusz a szóráshoz

1 tojás

60 ml/4 evőkanál tej

60 ml/4 evőkanál málnalekvár (konzerv)

Keverjük össze a lisztet, a sütőport, a fűszert és a sót, majd dörzsöljük bele a vajat vagy a margarint, amíg zsemlemorzsa nem lesz. Keverjük hozzá a cukrot. Hozzákeverjük a tojást és annyi tejet, hogy kemény tésztát kapjunk. 12 golyóra osztjuk, és kivajazott tepsire tesszük. Mindegyik közepébe ujjal lyukat készítünk, és belekanalazunk egy kevés málnalekvárt. Megkenjük tejjel és megszórjuk porcukorral. 220°C-ra előmelegített sütőben 10-15 perc alatt aranybarnára sütjük. A tetejére, ha szükséges, még egy kis lekvárt teszünk.

Barna rizs és napraforgó sütemények

12-t tesz ki

75 g/3 uncia/¾ csésze főtt barna rizs

50 g/2 oz/½ csésze napraforgómag

25 g/1 uncia/¼ csésze szezámmag

40 g mazsola

40 g/1½ oz/¼ csésze glacé (kandírozott) meggy, negyedelve

25 g/1 uncia/2 evőkanál puha barna cukor

15 ml/1 evőkanál tiszta méz

75 g/3 uncia/1/3 csésze vaj vagy margarin

5 ml/1 teáskanál citromlé

Keverjük össze a rizst, a magokat és a gyümölcsöt. A cukrot, a mézet, a vajat vagy a margarint és a citromlevet felolvasztjuk, és a rizses keverékhez keverjük. 12 tortalapba kanalazzuk, és 200°C-ra előmelegített sütőben 15 percig sütjük.

Rock Cakes

12-t tesz ki

225 g/8 uncia/2 csésze sima (univerzális) liszt

Egy csipet só

10 ml/2 tk sütőpor

50 g/2 uncia/¼ csésze vaj vagy margarin

50 g/2 uncia/¼ csésze disznózsír (rövidítő)

100 g/4 uncia/2/3 csésze szárított vegyes gyümölcs (gyümölcstorta keverék)

100 g/4 oz/½ csésze demerara cukor

½ citrom reszelt héja

1 tojás

15-30 ml/1-2 evőkanál tej

Keverjük össze a lisztet, a sót és a sütőport, majd dörzsöljük bele a vajat vagy a margarint és a zsírt, amíg a keverék zsemlemorzsa nem lesz. Keverje hozzá a gyümölcsöt, a cukrot és a citrom héját. Verjük fel a tojást 15 ml/1 evőkanál tejjel, adjuk hozzá a száraz hozzávalókhoz, és keverjük kemény tésztává, ha szükséges még adjunk hozzá tejet. A keverékből kis halmokat tegyünk egy kivajazott tepsire, és előmelegített sütőben 200°C/400°F/6-os gázjellel süsd 15-20 perc alatt aranybarnára.

Cukormentes Rock Cakes

12-t tesz ki

75 g/3 uncia/1/3 csésze vaj vagy margarin

175 g/6 uncia/1¼ csésze teljes kiőrlésű (teljes kiőrlésű) liszt

50 g/2 uncia/½ csésze zabliszt

10 ml/2 tk sütőpor

5 ml/1 teáskanál őrölt fahéj

100 g/4 uncia/2/3 csésze szultána (arany mazsola)

1 citrom reszelt héja

1 tojás, enyhén felverve

90 ml/6 evőkanál tej

Dörzsölje el a vajat vagy a margarint a lisztekben, a sütőporban és a fahéjban, amíg a keverék zsemlemorzsára nem hasonlít. Keverje hozzá a szultánokat és a citrom héját. Adjuk hozzá a tojást és annyi tejet, hogy lágy masszát kapjunk. Tegye a kanalakat kivajazott tepsire, és 200°C-ra előmelegített sütőben süsse 15-20 perc alatt aranybarnára.

Sáfrányos sütemények

12-t tesz ki

Egy csipet őrölt sáfrány

75 ml/5 evőkanál forrásban lévő víz

75 ml/5 evőkanál hideg víz

100 g/4 oz/½ csésze vaj vagy margarin, lágyítva

225 g/8 oz/1 csésze porcukor (szuperfinom).

2 tojás, enyhén felverve

225 g/8 uncia/2 csésze sima (univerzális) liszt

10 ml/2 tk sütőpor

2,5 ml/½ teáskanál só

175 g/6 uncia/1 csésze szultána (arany mazsola)

175 g/6 oz/1 csésze apróra vágott vegyes (kandírozott) héj

Áztasd a sáfrányt forrásban lévő vízbe 30 percre, majd add hozzá a hideg vizet. A vajat vagy a margarint és a cukrot habosra keverjük, majd fokozatosan hozzákeverjük a tojásokat. A lisztet összekeverjük a sütőporral és a sóval, majd 50 g lisztkeveréket keverjünk össze a szultánokkal és a kevert héjjal. A lisztet a sáfrányos vízzel felváltva keverjük a tejszínes masszához, majd forgassuk bele a gyümölcsöt. Muffin formákba (papírokba) vagy kivajazott és lisztezett muffinformákba (tepsibe) kanalazzuk, és 190°C-ra előmelegített sütőben, 5-ös gázjelzéssel kb. 15 percig sütjük, amíg rugalmas tapintású lesz.

Rum Babas

8-at tesz ki

100 g/4 oz/1 csésze erős sima (kenyér)liszt

5 ml/1 teáskanál könnyen keverhető szárított élesztő

Egy csipet só

45 ml/3 evőkanál meleg tej

2 tojás, enyhén felverve

50 g/2 oz/¼ csésze vaj vagy margarin, olvasztott

25 g/1 uncia/3 evőkanál ribizli

A sziruphoz:

250 ml/8 fl uncia/1 csésze víz

75 g/3 oz/1/3 csésze kristálycukor

20 ml/4 teáskanál citromlé

60 ml/4 evőkanál rum

A mázhoz és a díszítéshez:

60 ml/4 evőkanál baracklekvár (konzerv), átszitált (szűrt)

15 ml/1 evőkanál víz

150 ml/¼ pt/2/3 csésze habverő vagy dupla (nehéz) tejszín

4 glacé (kandírozott) cseresznye, félbevágva

Néhány csík angyalgyökér, háromszögekre vágva

Egy tálban keverjük össze a lisztet, az élesztőt és a sót, és készítsünk mélyedést a közepébe. Keverjük össze a tejet, a tojást és a vajat vagy margarint, majd keverjük a liszttel sima tésztává. Belekeverjük a ribizlit. A masszát nyolc kikent és lisztezett, különálló gyűrűs formába (csőtepsibe) kanalazzuk úgy, hogy csak a formák egyharmadára kerüljön. Fedjük le olajozott fóliával (műanyag fóliával), és hagyjuk meleg helyen 30 percig, amíg a tészta fel nem kel a formák tetejére. 200°C-ra előmelegített sütőben 15 perc alatt aranybarnára sütjük. Fordítsuk fejjel lefelé a formákat, és hagyjuk hűlni 10 percig, majd húzzuk ki a tortákat a formákból, és tegyük egy nagy, sekély edénybe. Villával szurkáljuk meg az egészet.

A szirup elkészítéséhez a vizet, a cukrot és a citromlevet lassú tűzön felmelegítjük, addig keverjük, amíg a cukor feloldódik. Emeljük fel a hőt és forraljuk fel. Levesszük a tűzről, és belekeverjük a rumot. A forró szirupot kanalazzuk a süteményekre, és hagyjuk 40 percig, hogy beszívódjon.

A lekvárt és a vizet alacsony lángon addig melegítjük, amíg jól el nem keveredik. Kenjük meg a babákat, és tányérra rendezzük. Verjük fel a tejszínt, és süssük bele minden torta közepébe. Meggyel és angyalgyökérrel díszítjük.

Piskótagolyós sütemények

24-es lesz

5 tojássárgája

75 g/3 oz/1/3 csésze porcukor (szuperfinom).

7 tojás fehérje

75 g/3 uncia/¾ csésze kukoricaliszt (kukoricakeményítő)

50 g/2 uncia/½ csésze sima (univerzális) liszt

A tojássárgáját 15 ml/1 evőkanál cukorral habosra és sűrűre verjük. A tojásfehérjét kemény habbá verjük, majd a maradék cukrot is kemény habbá verjük. Fémkanállal beleforgatjuk a kukoricalisztet. A tojássárgák felét egy fémkanállal a fehérjébe forgatjuk, majd a maradék sárgáját is beleforgatjuk. Nagyon óvatosan keverjük bele a lisztet. Tegye át a keveréket egy sima 2,5 cm/1-es fúvókával (véggel) ellátott csőzsákba, és egy kivajazott és kibélelt sütőlapra csípje kör alakú tortákba, egymástól jó távolságra. Előmelegített sütőben 200°C/400°F/6-os gázjellel süsd 5 percig, majd csökkentsd a sütő hőmérsékletét 180°C/350°F/4-es gázjelzésre további 10 percig, amíg aranybarna és ruganyos lesz. érintés.

Csokis piskóták

12-t tesz ki

5 tojássárgája

75 g/3 oz/1/3 csésze porcukor (szuperfinom).

7 tojás fehérje

75 g/3 uncia/¾ csésze kukoricaliszt (kukoricakeményítő)

50 g/2 uncia/½ csésze sima (univerzális) liszt

60 ml/4 evőkanál baracklekvár (konzerv), átszitált (szűrt)

30 ml/2 evőkanál víz

1 mennyiség Főtt csokoládé cukormáz

150 ml/¼ pt/2/3 csésze habtejszín

A tojássárgáját 15 ml/1 evőkanál cukorral habosra és sűrűre verjük. A tojásfehérjét kemény habbá verjük, majd a maradék cukrot is kemény habbá verjük. Fémkanállal beleforgatjuk a kukoricalisztet. A tojássárgák felét egy fémkanállal a fehérjébe forgatjuk, majd a maradék sárgáját is beleforgatjuk. Nagyon óvatosan keverjük bele a lisztet. Tegye át a keveréket egy sima 2,5 cm/1-es fúvókával (véggel) ellátott csőzsákba, és egy kivajazott és kibélelt sütőlapra csípje kör alakú tortákba, egymástól jó távolságra. 200°C/400°F/6-os gázjelzésű előmelegített sütőben süsd 5 percig, majd csökkentsd a sütő hőmérsékletét 180°C/350°F/4-es gázjelzésre további 10 percig, amíg aranybarna és ruganyos nem lesz. érintés. Áthelyezés rácsra.

Forraljuk fel a lekvárt és a vizet, amíg sűrű és jól összekeveredett, majd kenjük meg a sütemények tetejét. Hagyjuk kihűlni. A piskótákat a csokimázba mártjuk, majd hagyjuk kihűlni. A tejszínt kemény habbá verjük, majd a krémmel együtt szendvicspárokat készítünk.

Nyári hógolyók

24-es lesz

100 g/4 oz/½ csésze vaj vagy margarin, lágyítva

100 g/4 oz/½ csésze porcukor (szuperfinom).

5 ml/1 tk vanília esszencia (kivonat)

2 tojás, enyhén felverve

225 g/8 oz/2 csésze önnövekvő (magán kelő) liszt

120 ml/4 fl oz/½ csésze tej

120 ml/4 fl oz/½ csésze dupla (nehéz) tejszín

25 g/1 uncia/3 evőkanál porcukor (cukrászipari) szitán

60 ml/4 evőkanál baracklekvár (konzerv), átszitált (szűrt)

30 ml/2 evőkanál víz

150 g/5 uncia/1¼ csésze szárított (aprított) kókuszdió

A vajat vagy a margarint és a cukrot habosra keverjük. Fokozatosan belekeverjük a vanília esszenciát és a tojást, majd a tejjel felváltva beleforgatjuk a lisztet. A keveréket kivajazott muffinformákba kanalazzuk, és előmelegített sütőben 180°C/350°F/gázjelzés 4-re sütjük 15 percig, amíg jól megkel és rugalmas tapintású lesz. Tegyük rácsra hűlni. Vágjuk le a muffinok tetejét.

A tejszínt és a porcukrot kemény habbá verjük, majd minden muffin tetejére kanalazunk egy keveset, és visszatesszük a fedőt. Melegítsük fel a lekvárt vízzel, amíg el nem keveredik, majd kenjük meg a muffinok tetejét, és szórjuk meg bőségesen kókuszreszelékkel.

Szivacscseppek

12-t tesz ki

3 tojás, felvert

100 g/4 oz/½ csésze porcukor (szuperfinom).

2,5 ml/½ teáskanál vanília esszencia (kivonat)

100 g/4 uncia/1 csésze sima (univerzális) liszt

5 ml/1 teáskanál sütőpor

100 g/4 uncia/1/3 csésze málnalekvár (konzerv)

150 ml/¼ pt/2/3 csésze dupla (nehéz) tejszín, felvert

Porcukor (cukrászipari) szitán, porozáshoz

Tegye a tojást, a porcukrot és a vaníliaesszenciát egy hőálló edénybe, amelyet forró víz fölé állítanak, és addig keverjük, amíg besűrűsödik. Vegyük ki a tálat a formából, és keverjük hozzá a lisztet és a sütőport. A keverékből kis kanálokat kikent tepsire helyezünk, és előmelegített sütőben 190°C-on 10 perc alatt aranybarnára sütjük. Tegyük rácsra, és hagyjuk kihűlni. A cseppeket lekvárral és tejszínnel szendvicsbe keverjük, majd porcukorral megszórva tálaljuk.

Alap habcsók

6-8

2 tojásfehérje

100 g/4 oz/½ csésze porcukor (szuperfinom).

A tojásfehérjét egy tiszta, zsírmentes tálban verjük fel addig, amíg lágy csúcsokat nem kezdenek képezni. Adjuk hozzá a cukor felét, és folytassuk a habverést, amíg kemény csúcsok nem lesznek. Fémkanállal enyhén beleforgatjuk a maradék cukrot. Béleljünk ki egy tepsit sütőpapírral, és tegyünk rá 6-8 habcsókot. Szárítsa a habcsókat a sütőben a lehető legalacsonyabb fokozaton 2-3 órán keresztül. Hűtsük le rácson.

Mandula habcsók

12-t tesz ki

2 tojásfehérje

100 g/4 oz/½ porcukor (szuperfinom).

100 g/4 oz/1 csésze őrölt mandula

Néhány csepp mandula esszencia (kivonat)

12 fél mandula a díszítéshez

A tojásfehérjét kemény habbá verjük. Adjuk hozzá a cukor felét, és folytassuk a habverést, amíg kemény csúcsokat nem kapunk. Belekeverjük a maradék cukrot, az őrölt mandulát és a mandula eszenciát. A masszát 12 körbe kanalazzuk egy kivajazott és kibélelt tepsibe, és mindegyik tetejére tegyünk egy-egy mandula felét. Előmelegített sütőben 130°C/250°F/gázjelzés ½ 2-3 órán keresztül ropogósra sütjük.

Spanyol mandulás habcsók keksz

16-os lesz

225 g/8 oz/1 csésze kristálycukor

225 g/8 uncia/2 csésze őrölt mandula

1 tojás fehérje

100 g/4 uncia/1 csésze egész mandula

A cukrot, az őrölt mandulát és a tojásfehérjét sima tésztává verjük. Golyóba formázzuk és sodrófával elsimítjuk a tésztát. Vágjuk kis kockákra, és tegyük kiolajozott tepsire. Minden keksz (sütemény) közepébe nyomjunk egy egész mandulát. 160°C/325°F/gázjelzés 3-as előmelegített sütőben 15 percig sütjük.

Habcsók Cuite kosarak

6-ot tesz ki

4 tojás fehérje

225–250 g/8–9 uncia/1 1/3–1½ csésze porcukor (cukrászcukor), átszitálva

Néhány csepp vanília esszencia (kivonat)

A tojásfehérjét egy tiszta, zsírmentes, hőálló tálban verjük habosra, majd fokozatosan keverjük hozzá a porcukrot, majd a vaníliaesszenciát. Tegye a tálat egy serpenyőben enyhén forrásban lévő víz fölé, és addig keverje, amíg a habcsók megtartja formáját, és vastag nyomot hagy maga után, amikor a habverőt kiemelik. Béleljünk ki egy tepsit sütőpapírral, és rajzoljunk hat darab 7,5 cm/3-es kört a papírra. A habcsók keverék felével kanalazzon minden körbe egy réteg habcsókot. Helyezze a maradékot egy zsákba, és mindegyik alap széle köré csípjen két réteg habcsókot. Előmelegített sütőben 150°C/300°F/2-es gázjelzéssel körülbelül 45 percig szárítjuk.

Mandula ropogós

10-et tesz ki

2 tojásfehérje

100 g/4 oz/½ csésze porcukor (szuperfinom).

75 g/3 uncia/¾ csésze őrölt mandula

25 g/1 uncia/2 evőkanál vaj vagy margarin, lágyítva

50 g/2 uncia/1/3 csésze porcukor (cukrászcukor), szitálva

10 ml/2 teáskanál kakaópor (cukrozatlan csokoládé).

50 g/2 oz/½ csésze sima (félédes) csokoládé, olvasztott

A tojásfehérjéket kemény habbá verjük. A porcukrot apránként habosra keverjük. Hajtsa bele a darált mandulát. Egy 1 cm/½-es csőfúvóka (hegy) segítségével 5 cm/2-es hosszúságúra csepegtesse a keveréket egy enyhén olajozott sütőlapra. Előmelegített sütőben 140°C/275°F/gáz jelzés 1 1-1,5 órán át sütjük. Hagyjuk kihűlni.

A vajat vagy a margarint, a porcukrot és a kakaót habosra keverjük. Szendvicspár keksz (süti) a töltelékkel együtt. Olvasszuk fel a csokoládét egy hőálló tálban, enyhén forrásban lévő víz fölött. A habcsók végeit mártsuk a csokoládéba, és rácson hagyjuk kihűlni.

Spanyol mandula és citromos habcsók

30-at tesz ki

150 g/5 uncia/1¼ csésze blansírozott mandula

2 tojásfehérje

½ citrom reszelt héja

200 g/7 uncia/kevés 1 csésze porcukor (szuperfinom).

10 ml/2 teáskanál citromlé

A mandulát előmelegített sütőben 150°C/300°F/gáz 2-es fokozaton kb. 30 perc alatt aranybarnára és aromásra pirítom. A dió egyharmadát durvára vágjuk, a többit pedig finomra daráljuk.

A tojásfehérjét kemény habbá verjük. Belekeverjük a citrom héját és a cukor kétharmadát. Adjuk hozzá a citromlevet, és keverjük kemény és fényesre. Belekeverjük a maradék cukrot és az őrölt mandulát. Belekeverjük az apróra vágott mandulát. Kivajazott és fóliával bélelt tepsire kanalazzuk a habcsókot, és az előmelegített sütőbe tesszük. Azonnal csökkentse a sütő hőmérsékletét 110°C/225°F/gázjel ¼-re, és kb. 1½ órán keresztül süsse, amíg meg nem szárad.

Csokoládéval bevont Habcsók

4-et tesz ki

2 tojásfehérje

100 g/4 oz/½ csésze porcukor (szuperfinom).

100 g/4 oz/1 csésze sima (félédes) csokoládé

150 ml/¼ pt/2/3 csésze dupla (nehéz) tejszín, felvert

A tojásfehérjét egy tiszta, zsírmentes tálban verjük fel addig, amíg lágy csúcsokat nem kezdenek képezni. Adjuk hozzá a cukor felét, és folytassuk a habverést, amíg kemény csúcsok nem lesznek. Fémkanállal enyhén beleforgatjuk a maradék cukrot. Béleljünk ki egy tepsit sütőpapírral, és helyezzünk rá nyolc habcsókot. Szárítsa a habcsókat a sütőben a lehető legalacsonyabb fokozaton 2-3 órán keresztül. Hűtsük le rácson.

Olvasszuk fel a csokoládét egy hőálló edényben, amelyet enyhén forrásban lévő víz fölé állítottak. Hagyjuk kicsit hűlni. A habcsók közül négyet óvatosan mártsunk bele a csokoládéba, hogy a külsejük bevonatos legyen. Hagyja állni zsírálló (viaszos) papíron, amíg meg nem áll. Egy csokoládéval bevont habcsókot és egy sima habcsót szendvicsezzen a tejszínnel, majd ismételje meg a többi habcsókkal.

Csokoládé mentás habcsók

18-at tesz ki
3 tojás fehérje

100 g/4 oz/½ csésze porcukor (szuperfinom).

75 g/3 oz/¾ csésze apróra vágott csokoládéval bevont menta

A tojásfehérjét kemény habbá verjük. A cukrot fokozatosan habosra keverjük, amíg a tojásfehérje kemény és fényes nem lesz. Belekeverjük az apróra vágott mentát. Csepegtess kis kanálokat a keverékből egy kivajazott és kibélelt tepsire, és előmelegített sütőben 140°C/275°F/gáz 1. fokozaton süsd fél órán keresztül, amíg megszárad.

Csokoládé chips és diós habcsók

12-t tesz ki
2 tojásfehérje

175 g/6 uncia/¾ csésze porcukor (szuperfinom).

50 g/2 uncia/½ csésze csokoládéforgács

25 g/1 uncia/¼ csésze dió, apróra vágva

Melegítsd elő a sütőt 190°C/375°F/ gázjelzés 5. Verd fel a tojásfehérjét, amíg lágy csúcsok nem lesznek. Fokozatosan adjuk hozzá a cukrot, és addig verjük, amíg kemény csúcsokat nem kapunk. Belekeverjük a csokireszeléket és a diót. Csepegtessünk kanálnyi keveréket a kivajazott tepsire, és tegyük a sütőbe. Kapcsolja ki a sütőt, és hagyja kihűlni.

Mogyorós habcsók

12-t tesz ki

100 g/4 uncia/1 csésze mogyoró

2 tojásfehérje

100 g/4 oz/½ csésze porcukor (szuperfinom).

Néhány csepp vanília esszencia (kivonat)

Tartson 12 diót a díszítéshez, a maradékot törje össze. A tojásfehérjét kemény habbá verjük. Adjuk hozzá a cukor felét, és folytassuk a habverést, amíg kemény csúcsokat nem kapunk. Belekeverjük a maradék cukrot, a darált mogyorót és a vaníliaesszenciát. A masszát 12 körbe kanalazzuk egy kivajazott és kibélelt tepsibe, és mindegyik tetejére tegyünk egy diót. Előmelegített sütőben 130°C/250°F/gázjelzés ½ 2-3 órán keresztül ropogósra sütjük.

Habcsók réteges torta dióval

Egy 23 cm/9-es tortát készít

A tortához:

50 g/2 oz/¼ csésze vaj vagy margarin, lágyítva

150 g/5 oz/2/3 csésze porcukor (szuperfinom).

4 tojás, szétválasztva

100 g/4 uncia/1 csésze sima (univerzális) liszt

10 ml/2 tk sütőpor

Egy csipet só

60 ml/4 evőkanál tej

5 ml/1 tk vanília esszencia (kivonat)

50 g/2 oz/½ csésze pekándió, finomra vágva

A pudinghoz:

250 ml/8 fl oz/1 csésze tej

50 g/2 uncia/¼ csésze porcukor (szuperfinom).

50 g/2 uncia/½ csésze sima (univerzális) liszt

1 tojás

Egy csipet só

120 ml/4 fl oz/½ csésze dupla (nehéz) tejszín

A torta elkészítéséhez a vajat vagy a margarint 100 g cukorral habosra és habosra keverjük. Fokozatosan habosra keverjük a tojássárgáját, majd beleforgatjuk a lisztet, a sütőport és a sót a tejjel és a vanília esszenciával felváltva. Két kivajazott és kibélelt 23 cm/9-es tortaformába (tepsibe) kanalazzuk, a felületet elsimítjuk. A tojásfehérjét kemény habbá verjük, majd beleforgatjuk a maradék cukrot, és ismét kemény habbá verjük. Rákenjük a süteménykeverékre, és megszórjuk a dióval. 150°C-ra előmelegített sütőben 45 percig sütjük, amíg a habcsók meg nem szárad. Tegyük rácsra hűlni.

A puding elkészítéséhez a tejet a cukorral és a liszttel elkeverjük. A maradék tejet egy serpenyőben felforraljuk, ráöntjük a cukorral, és kevergetve keverjük. A tejet visszaöntjük a kiöblített serpenyőbe, és folyamatos keverés mellett felforraljuk, majd kevergetve addig pároljuk, amíg besűrűsödik. A tűzről levéve beleütjük a tojást és a sót, majd hagyjuk kicsit kihűlni. A tejszínt kemény habbá verjük, majd a masszához keverjük. Hagyjuk kihűlni. A pudinggal együtt szendvicsre tesszük a süteményeket.

Mogyorós makaróni szeletek

20-at tesz ki

175 g/6 uncia/1½ csésze mogyoró, hámozott

3 tojás fehérje

225 g/8 oz/1 csésze porcukor (szuperfinom).

5 ml/1 tk vanília esszencia (kivonat)

5 ml/1 teáskanál őrölt fahéj

5 ml/1 teáskanál reszelt citromhéj

Rizspapír

A mogyoróból 12 darabot durvára vágunk, majd a maradékot apróra törjük. A tojásfehérjét verd habosra és világosra. Fokozatosan adjuk hozzá a cukrot, és verjük tovább, amíg kemény csúcsokat nem kapunk. Belekeverjük a mogyorót, a vanília esszenciát, a fahéjat és a citromhéjat. Tegyük a púpozott teáskanálnyi darabokat egy rizspapírral bélelt tepsire, majd lapítsuk vékony csíkokra. 1 órát állni hagyjuk. 180°C-ra előmelegített sütőben 12 percig sütjük, amíg meg nem szilárdul.

Habcsókos és diós réteg

Egy 25 cm/10-es tortát készít

100 g/4 oz/½ csésze vaj vagy margarin, lágyítva

400 g/14 uncia/1¾ csésze porcukor (szuperfinom).

3 tojássárgája

100 g/4 uncia/1 csésze sima (univerzális) liszt

10 ml/2 tk sütőpor

120 ml/4 fl oz/½ csésze tej

100 g/4 oz/1 csésze dió

4 tojás fehérje

250 ml/8 fl oz/1 csésze dupla (nehéz) tejszín

5 ml/1 tk vanília esszencia (kivonat)

Kakaó (cukrozatlan csokoládé) por porozáshoz

Keverje össze a vajat vagy a margarint és a 75 g cukrot, amíg világos és habos nem lesz. Fokozatosan habosra keverjük a tojások sárgáját, majd a tejjel felváltva beleforgatjuk a lisztet és a sütőport. A tésztát két kivajazott és lisztezett 25 cm/10-es tortaformába (tepsibe) kanalazzuk. Néhány diót félreteszünk a díszítésre, a maradékot apróra vágjuk, és a süteményekre szórjuk. A tojásfehérjét verjük kemény habbá, majd adjuk hozzá a maradék cukrot, és verjük újra sűrűre és fényesre. A sütemények tetejére kenjük, és 180°C-ra előmelegített sütőben, 4-es gázjelzéssel 25 percig sütjük, a sütés vége felé zsírpapírral letakarva a tortát, ha a habcsók is barnulni kezd. sokkal. Hagyjuk kihűlni a formákban, majd fordítsuk ki a süteményeket a habcsókkal a tetejükön.

A tejszínt és a vanília esszenciát kemény habbá verjük. A tortákat a krém felével, habcsókkal felfelé, szendvicsbe tesszük, a maradékot a tetejére kenjük. Díszítsük félretett dióval, és szórjuk meg átszitált kakaóval.

Habcsók-hegység

6-ot tesz ki

2 tojás fehérje

100 g/4 oz/½ csésze porcukor (szuperfinom).

150 ml/¼ pt/2/3 csésze dupla (nehéz) tejszín

350 g/12 uncia eper, szeletelve

25 g/1 uncia/¼ csésze sima (félédes) csokoládé, reszelve

A tojásfehérjét kemény habbá verjük. Adjuk hozzá a cukor felét, és verjük sűrűre és fényesre. Belekeverjük a maradék cukrot. Egy tepsire helyezzen hat kört habcsókból a sütőpapírra. 140°C-ra előmelegített sütőben 45 perc alatt süsd halvány aranybarnára és ropogósra. A belseje meglehetősen puha marad. Kivesszük a lapból és rácson kihűtjük.

A tejszínt kemény habbá verjük. Pipázzuk vagy kanalazzuk a krém felét a habcsók körökre, tegyük rá a gyümölcsöket, majd díszítsük a maradék krémmel. A tetejére szórjuk a reszelt csokoládét.

Málnakrémes Habcsók

6-ot szolgál ki

2 tojásfehérje

100 g/4 oz/½ csésze porcukor (szuperfinom).

150 ml/¼ pt/2/3 csésze dupla (nehéz) tejszín

30 ml/2 ek porcukor (cukrászok).

225 g/8 uncia málna

A tojásfehérjét egy tiszta, zsírmentes tálban verjük fel addig, amíg lágy csúcsokat nem kezdenek képezni. Adjuk hozzá a cukor felét, és folytassuk a habverést, amíg kemény csúcsok nem lesznek. Fémkanállal enyhén beleforgatjuk a maradék cukrot. Béleljünk ki egy tepsit sütőpapírral, és csepegtessünk rá apró habcsókokat. Szárítsa a habcsókat a sütőben a lehető legalacsonyabb fokozaton 2 órán keresztül. Hűtsük le rácson.

A tejszínt a porcukorral kemény habbá verjük, majd beleforgatjuk a málnát. Használja a habcsók párok összeillesztéséhez, és halmozzuk fel egy tálra.

Ratafia torták

16-os lesz

3 tojás fehérje

100 g/4 oz/1 csésze őrölt mandula

225 g/8 oz/1 csésze porcukor (szuperfinom).

A tojásfehérjét kemény habbá verjük. Belekeverjük a mandulát és a cukor felét, és ismét kemény habbá verjük. Belekeverjük a maradék cukrot. Zsírozott és kibélelt tepsire kis köröket teszünk, és 150°C-ra előmelegített sütőben 50 perc alatt megsütjük, amíg a széle megszárad és ropogós lesz.

Caramel Vacherin

Egy 23 cm/9-es tortát készít

4 tojás fehérje

225 g/8 uncia/1 csésze puha barna cukor

50 g/2 oz/½ csésze mogyoró, apróra vágva

300 ml/½ pt/1¼ csésze dupla (nehéz) tejszín

Néhány egész mogyoró a díszítéshez

A tojásfehérjét addig verjük, amíg lágy csúcsot nem kap. Fokozatosan keverjük hozzá a cukrot, amíg kemény és fényes nem lesz. Kanalazzuk a habcsókot egy sima 1 cm/½-es fúvókával (véggel) ellátott csőzsákba, és csepegtessünk két darab 23 cm/9-es habcsókot egy kivajazott és kibélelt tepsire. Megszórjuk 15 ml/1 evőkanálnyi apróra vágott dióval, és előmelegített sütőben 120°C/250°F/gázjelzés ½-on 2 órán keresztül ropogósra sütjük. Tegyük rácsra hűlni.

A tejszínt kemény habbá verjük, majd beleforgatjuk a maradék diót. A krém nagy részével a habcsók köröket szendvicsre helyezzük, majd a maradék krémmel díszítjük, a tetejére pedig az egész mogyorót szórjuk.

Egyszerű pogácsa

10-et tesz ki

225 g/8 uncia/2 csésze sima (univerzális) liszt

Egy csipet só

2,5 ml/½ teáskanál szódabikarbóna (szódabikarbóna)

5 ml/1 tk tejszín tartár

50 g/2 uncia/¼ csésze vaj vagy margarin, felkockázva

30 ml/2 evőkanál tej

30 ml/2 evőkanál víz

Keverjük össze a lisztet, a sót, a szódabikarbónát és a tartártejszínt. Belekeverjük a vajat vagy a margarint. Lassan adjuk hozzá a tejet és a vizet, amíg lágy tésztát nem kapunk. Lisztezett felületen gyorsan simára gyúrjuk, majd 1 cm/½ vastagságúra kinyújtjuk, és kekszszaggatóval körben 5 cm/2-re vágjuk. Helyezze a pogácsákat (kekszeket) kivajazott tepsire, és előmelegített sütőben, 230°C/450°F/8-as gázjellel süsse kb. 10 percig, amíg jól megkel és aranybarna nem lesz.

Gazdag tojásos pogácsa

12-t tesz ki

50 g/2 uncia/¼ csésze vaj vagy margarin

225 g/8 oz/2 csésze önnövekvő (magán kelő) liszt

10 ml/2 tk sütőpor

25 g/1 uncia/2 evőkanál porcukor (szuperfinom).

1 tojás, enyhén felverve

100 ml/3½ fl oz/6½ evőkanál tej

A vajat vagy a margarint elmorzsoljuk a liszttel és a sütőporral. Keverjük hozzá a cukrot. A tojást és a tejet addig keverjük, amíg lágy tésztát nem kapunk. Lisztezett felületen enyhén átgyúrjuk, majd kinyújtjuk kb. 1 cm/½ vastagságúra, és kekszszaggatóval körben 5 cm/2-es darabokra vágjuk. Tekerje újra a szegélyeket, és vágja ki. Helyezze a pogácsákat (kekszeket) kivajazott tepsire, és előmelegített sütőben, 230°C/450°F/8-as gázjelzéssel süsse 10 percig, vagy amíg aranybarna nem lesz.

Almás pogácsa

12-t tesz ki

225 g/8 uncia/2 csésze teljes kiőrlésű (teljes kiőrlésű) liszt

20 ml/1½ evőkanál sütőpor

Egy csipet só

50 g/2 uncia/¼ csésze vaj vagy margarin

30 ml/2 evőkanál reszelt főzőalma

1 tojás, felvert

150 ml/¼ pt/2/3 csésze tej

Keverjük össze a lisztet, a sütőport és a sót. Dörzsöljük bele a vajat vagy a margarint, majd keverjük hozzá az almát. Fokozatosan keverjük hozzá annyi tojást és tejet, hogy lágy tésztát kapjunk. Enyhén lisztezett felületen nyújtsuk ki kb. 5 cm/2 vastagságúra, és vágjuk kör alakúra egy kekszszaggatóval. Helyezze a pogácsákat (kekszet) egy kivajazott tepsire, és kenje meg a maradék tojással. Előmelegített sütőben 200°C-on 12 percig sütjük, amíg enyhén megpirul.

Almás és kókuszos pogácsa

12-t tesz ki

50 g/2 uncia/¼ csésze vaj vagy margarin

225 g/8 oz/2 csésze önnövekvő (magán kelő) liszt

25 g/1 uncia/2 evőkanál porcukor (szuperfinom).

30 ml/2 evőkanál szárított (reszelt) kókuszdió

1 étkezési (desszert) alma meghámozva, kimagozva és apróra vágva

150 ml/¼ pt/2/3 csésze natúr joghurt

30 ml/2 evőkanál tej

Dörzsölje bele a vajat vagy a margarint a lisztbe. Keverjük hozzá a cukrot, a kókuszt és az almát, majd keverjük hozzá a joghurtot, hogy lágy tésztát kapjunk, ha szükséges, adjunk hozzá egy kevés tejet. Enyhén lisztezett felületen nyújtsuk ki kb. 2,5 cm/1 vastagságúra, és vágjuk kör alakúra kekszszaggatóval. Helyezze a pogácsákat (kekszeket) kivajazott tepsire, és előmelegített sütőben, 220°C/425°F/7-es gázjellel süsse 10-15 percig, amíg szép megkel és aranybarna nem lesz.

Alma és datolya pogácsa

12-t tesz ki

50 g/2 uncia/¼ csésze vaj vagy margarin

225 g/8 uncia/2 csésze sima (univerzális) liszt

5 ml/1 tk vegyes (almás pite) fűszer

5 ml/1 tk tejszín tartár

2,5 ml/½ teáskanál szódabikarbóna (szódabikarbóna)

25 g/1 uncia/2 evőkanál puha barna cukor

1 kis főző alma, meghámozva, kimagozva és apróra vágva

50 g/2 oz/1/3 csésze magozott (magozott) datolya, apróra vágva

45 ml/3 evőkanál tej

Dörzsölje el a vajat vagy a margarint a liszttel, a kevert fűszerrel, a tartárkrémmel és a szódabikarbónával. Hozzákeverjük a cukrot, az almát és a datolyát, majd hozzáadjuk a tejet és lágy tésztává keverjük. Enyhén átgyúrjuk, majd lisztezett felületen 2,5 cm/1 vastagságúra kinyújtjuk, és kekszszaggatóval kör alakúra vágjuk. Helyezze a pogácsákat (kekszeket) kivajazott tepsire, és előmelegített sütőben, 220°C-on, 12 percig süsse, amíg megkel és aranybarna nem lesz.

Árpapogácsa

12-t tesz ki

175 g/6 uncia/1½ csésze árpaliszt

50 g/2 uncia/½ csésze sima (univerzális) liszt

Egy csipet só

2,5 ml/½ teáskanál szódabikarbóna (szódabikarbóna)

2,5 ml/½ teáskanál tartárkrém

25 g/1 uncia/2 evőkanál vaj vagy margarin

25 g/1 uncia/2 evőkanál puha barna cukor

100 ml/3½ fl oz/6½ evőkanál tej

Tojássárgája a mázhoz

Keverjük össze a liszteket, a sót, a szódabikarbónát és a tartártejszínt. Dörzsöljük bele a vajat vagy a margarint, amíg zsemlemorzsára nem hasonlít, majd keverjük hozzá a cukrot és annyi tejet, hogy lágy tésztát kapjunk. Enyhén lisztezett felületen 2 cm/¾ vastagságúra kinyújtjuk, és kekszszaggatóval kör alakúra vágjuk. A pogácsákat (kekszet) kivajazott tepsire tesszük és megkenjük tojássárgájával. 220°C-ra előmelegített sütőben 10 perc alatt aranybarnára sütjük.

Datolyás pogácsa

12-t tesz ki

225 g/8 uncia/2 csésze teljes kiőrlésű (teljes kiőrlésű) liszt

2,5 ml/½ teáskanál szódabikarbóna (szódabikarbóna)

2,5 ml/½ teáskanál tartárkrém

2,5 ml/½ teáskanál só

40 g/1½ oz/3 evőkanál vaj vagy margarin

15 ml/1 evőkanál porcukor (szuperfinom).

100 g/4 oz/2/3 csésze magozott (magozott) datolya, apróra vágva

Körülbelül 100 ml/3½ fl oz/6½ evőkanál író

Keverjük össze a lisztet, a szódabikarbónát, a tartárkrémet és a sót. Dörzsölje bele a vajat vagy a margarint, majd keverje hozzá a cukrot és a datolyát, és készítsen mélyedést a közepébe. Fokozatosan keverj hozzá annyi írót, hogy közepesen lágy tésztát kapj. Sűrűn kinyújtjuk és háromszögekre vágjuk. Helyezze a pogácsákat (kekszeket) kivajazott tepsire, és előmelegített sütőben 230°C-on 20 perc alatt aranysárgára sütje.

Herby Scones

8-at tesz ki

175 g/6 uncia/¾ csésze vaj vagy margarin

225 g/8 uncia/2 csésze erős sima (kenyér)liszt

15 ml/1 teáskanál sütőpor

Egy csipet só

5 ml/1 teáskanál puha barna cukor

30 ml/2 evőkanál szárított fűszernövénykeverék

60 ml/4 evőkanál tej vagy víz

Tej fogmosáshoz

Dörzsölje el a vajat vagy a margarint a liszttel, a sütőporral és a sóval, amíg a keverék zsemlemorzsára nem hasonlít. Keverje hozzá a cukrot és a fűszernövényeket. Adjunk hozzá annyi tejet vagy vizet, hogy lágy tésztát kapjunk. Enyhén lisztezett felületen nyújtsuk ki kb. 2 cm/¾ vastagságúra, és vágjuk kör alakúra egy kekszszaggatóval. A pogácsákat (kekszet) kivajazott tepsire tesszük, a tetejüket megkenjük tejjel. 200°C-ra előmelegített sütőben 10 percig sütjük, amíg szép megkel és aranybarna nem lesz.

www.ingramcontent.com/pod-product-compliance
Lightning Source LLC
Chambersburg PA
CBHW071236080526
44587CB00013BA/1645